BUZZ

© Brendon Burchard, 2014
© Buzz Editora, 2024
Publicado mediante acordo entre
Folio Literary Management, LLC e Agência Riff.

TÍTULO ORIGINAL *The Motivation Manifesto*

PUBLISHER Anderson Cavalcante
COORDENADORA EDITORIAL Diana Szylit
EDITOR-ASSISTENTE Nestor Turano Jr.
ANALISTA EDITORIAL Érika Tamashiro
PREPARAÇÃO Adriana Moreira
REVISÃO Letícia Nakamura e Paula Queiroz
PROJETO GRÁFICO Estúdio Grifo
ASSISTENTE DE DESIGN Julia França

Nesta edição, respeitou-se o novo
Acordo Ortográfico da Língua Portuguesa.

Dados Internacionais de Catalogação na Publicação (CIP)
(Câmara Brasileira do Livro, SP, Brasil)

BURCHARD, Brendon
Manifesto da motivação: 9 declarações para
alcançar seu maior potencial /
Brendon Burchard; tradução Bruno Fiuza.
São Paulo: Buzz Editora, 2024.
Título original: *The Motivation Manifesto:*
9 Declarations to Claim Your Personal Power.
ISBN 978-65-5393-366-8
1. Autorrealização (Psicologia) 2. Motivação (Psicologia) I. Título.
24-216184   CDD-153.8

Índice para catálogo sistemático:
1. Motivação: Psicologia 153.8
Tábata Alves da Silva, Bibliotecária, CRB-8/9253

Todos os direitos reservados à:
Buzz Editora Ltda.
Av. Paulista, 726, Mezanino
CEP 01310-100, São Paulo, SP
[55 11] 4171 2317
www.buzzeditora.com.br

Brendon Burchard
MANIFESTO DA MOTIVAÇÃO

9 declarações para alcançar seu maior potencial

TRADUÇÃO Bruno Fiuza

11

A declaração do poder pessoal

PARTE UM: SOBRE A NATUREZA HUMANA

25

1. Sobre a liberdade

47

2. Sobre o medo

73

3. Sobre a motivação

PARTE DOIS: AS 9 DECLARAÇÕES

95

I. Devemos encarar a vida com presença e potência plenas

117

II. Devemos recuperar nossas prioridades

139

III. Devemos derrotar nossos demônios

155
IV. Devemos avançar com entrega total

175
V. Devemos praticar alegria e gratidão

187
VI. Não devemos comprometer a nossa integridade

207
VII. Devemos amplificar o amor

221
VIII. Devemos inspirar a excelência

239
IX. Devemos desacelerar o tempo

251
As 9 declarações

253
Sobre o autor

Todas as religiões, artes e ciências são ramos da mesma árvore. Todas essas aspirações visam a tornar a vida do ser humano mais nobre, para além da esfera da mera existência física, e encaminhando o indivíduo em direção à liberdade.

ALBERT EINSTEIN

O conformismo é o carcereiro da
liberdade e o inimigo do crescimento.
JOHN F. KENNEDY

A declaração do poder pessoal

Chega um momento na vida das pessoas destinadas à excelência em que devemos nos postar diante do espelho do significado e nos perguntar: *por que, apesar de termos sido dotados do coração corajoso de um leão, vivemos como ratos?*

Devemos encarar nossos próprios olhos cansados e analisar por que perdemos tanto tempo remexendo todas as distrações, por que nos apequenamos diante da ideia de revelar nosso verdadeiro eu ao mundo, por que fugimos com tanta rapidez do conflito e por que aceitamos arriscar pouco. Devemos nos perguntar por que participamos de forma tão humilde da frenética corrida da sociedade, nos permitindo entrar em seus labirintos de mediocridade e nos contentando com migalhas de recompensa, quando a natureza ofereceu liberdade, poder e abundância ilimitados aos que são ousados, determinados, criativos, independentes — ou seja, *cada um de nós*. Devemos nos perguntar se o nosso desejo de segurança e aceitação não estão no fundo nos tornando escravos das opiniões alheias — e do tédio. Devemos nos perguntar: *quando vamos estar prontos para alcançar um novo nível de existência?*

Quando, no curso da existência humana, se torna necessário fazer tais perguntas e dissipar as crenças e os comportamentos que têm nos limitado, e assim retomar o controle de todos os poderes do nosso ser com que Deus e as leis da natureza nos presentearam. Uma demonstração de respeito à humanidade exige de nós que manifestemos as razões que nos impelem a exercer a força e a nos distanciar daqueles que nos prejudicam em termos de vitalidade, crescimento e felicidade.

Devemos afirmar nosso poder pessoal e nossa liberdade.

Acreditamos que estas verdades são algo óbvio: que todos os seres humanos são criados iguais, embora não levemos vidas iguais devido a diferenças nos quesitos vontade, motivação, esforço e hábito. Que fomos dotados pelo Criador de certos Direitos inalienáveis, e que entre eles estão a Vida, a Liberdade e a busca pela Felicidade, mas que cabe a cada um de nós estar atentos e ter disciplina se desejamos alcançar uma vida tão plena, livre e feliz. Acreditamos que o maior dos poderes humanos é a capacidade de pensar por si mesmo de maneira independente, de escolher os próprios objetivos, gostos e atitudes. Porque nos corações da humanidade vive um instinto natural de liberdade e independência, uma predisposição psicológica para se autodirigir, um imperativo biológico para o crescimento e uma alegria espiritual em fazer escolhas e crescer na vida. A principal motivação da humanidade é ser livre, expressar seu verdadeiro eu e correr atrás dos próprios sonhos sem amarras — experimentar aquilo que pode ser chamado de Liberdade Pessoal.

Para defender estes Direitos e esta Liberdade Pessoal, homens e mulheres conscientes não devem permitir que sejam controlados pelo medo, pelas convenções ou pela vontade das massas. Devemos governar nossa própria vida, e quando pensamentos e ações se tornam destrutivos, é responsabilidade nossa mudá-los ou eliminá-los e instituir novos hábitos como alicerces rumo a uma vida mais livre e feliz. Devemos exercer o nosso poder, melhorando a forma como pensamos e como interagimos com o mundo.

Quando uma longa série de opressões internalizadas e controles sociais minam nossa força e nossa independência, é nosso direito — nosso *dever* — deixar essa vida para trás, nos recolocar de pé e adentrar, sem restrições, nos portões da grandeza.

Já sofremos pacientemente por tempo demais, à espera de que alguém ou alguma espécie de sorte um dia fornecesse mais oportunidades e mais felicidade. Mas nada vindo de fora é capaz de nos salvar, e cada vez mais se aproxima a hora em que precisamos decidir se ficamos presos neste nível de vida ou se escolhemos ascender a um plano superior de consciência e satisfação. Neste mundo doente e turbulento, devemos encontrar paz interior e nos tornar mais autossuficientes na criação da vida que merecemos.

Será uma trajetória difícil, dado que o histórico das nossas ações costuma ser uma narrativa de autossabotagem e tristeza, decorrente do nosso desejo cego de sermos considerados merecedores, de sermos aceitos e amados por pessoas que mal conhecem os nossos verdadeiros corações e poderes. E, assim, nos nivelamos por baixo: nos esquecemos de definir intenções e padrões nítidos, e muitas vezes deixamos de expressar desejos e sonhos. Durante a maior parte do tempo, a aleatoriedade e a mediocridade deram as cartas, e os que gritavam mais alto e eram mais carentes ditaram quem éramos e o que deveríamos fazer — nossa vida se sujeitando, assim, à tirania dos tolos. Se nos permitirmos ser vulneráveis e corajosos o suficiente para admitir tais erros, seremos capazes de enxergar todo o potencial que deixamos de concretizar; seremos capazes de visualizar um caminho novo em folha.

Assim, vamos realinhar a vida. Vamos encarar o espelho e ser sinceros. Não importa o que vejamos, vamos usar estas verdades humanas e estas declarações pessoais para recuperar a nossa liberdade:

Com muita frequência, ficamos perdidos no abismo do piloto automático. Na maior parte do tempo não percebemos a energia e as bênçãos que nos rodeiam, e a importância de cada momento. É como se preferíssemos estar em outro lugar, desempenhando outra tarefa, como se vivêssemos em fusos horários distantes, horas atrás ou à frente do tique-taque alegre e abençoado do Agora. Esquecemos que o inimigo natural da vida não é uma morte distante, mas um distanciamento atual, vigente, da vida. Se quisermos ser livres e viver com pleno potencial, temos de tomar a decisão de trazer todo o poder da nossa mente consciente para a experiência presente. Devemos escolher *sentir* de novo. Devemos estabelecer de modo consciente quem somos, quais papéis queremos desempenhar, como queremos nos relacionar com o mundo. Sem uma consciência vibrante, não temos como nos conectar com os outros nem conosco mesmos, tampouco podemos atender às demandas do presente de maneira virtuosa. Por isso, declaramos: DEVEMOS VIVER COM PRESENÇA E POTENCIAL PLENOS.

Abrimos mão do controle da própria vida. Em meio a distrações intermináveis, a disciplina em correr atrás de grandes ambições desapareceu. A tela em branco representada por um dia livre de afazeres parece impossível, porque estamos hipnotizados por uma necessidade falsa, mas irresistível, de atender a todas as necessidades dos outros. Sofremos pressões de todos os lados, nos distanciamos de esforços providos de significado em nome de atividades banais ou de falsas urgências, e muitas vezes não temos certeza de como contrabalançar nossa vida com as necessidades das pessoas a quem amamos. É muito comum haver uma desconexão com as coisas pelas quais mais vale a pena lutar; nosso trabalho consome o dia, mas não é o trabalho da nossa vida. A maioria de nós não enxerga um propósito de vida nítido e estimulante — não anseia por isso de manhã nem organiza seus dias de acordo com essa busca. Uma existência de maior alegria, poder e satisfação está à espera daqueles que projetam sua vida de modo consciente. Por isso, declaramos: DEVEMOS RECUPERAR NOSSAS PRIORIDADES.

Algo dentro de nós sabota o impulso natural em direção à liberdade. Ele grita e chora pedindo que paremos sempre que saímos de nossa zona de conforto; sempre que optamos por ser autênticos e amorosos em um mundo assustador; sempre que procuramos fazer a diferença à custa da nossa acomodação; sempre que desejamos algo magnífico que, para ser conquistado, vai exigir esforço e dedicação. Nossos demônios internos nos envenenam com preocupações e medos sempre que ficamos vulneráveis, o que compromete tanto crescimento quanto vitalidade. Nosso destino será determinado pelo grau de conhecimento que temos dos próprios demônios da Dúvida e da Procrastinação, por quão bem nos defendermos deles, e por quantas batalhas vencermos contra eles a cada dia de nossa vida. Sem o controle das nossas próprias vidas, somos escravos do medo. Mas, com ele, conquistaremos a grandeza e a transcendência. Por isso, declaramos: DEVEMOS DERROTAR NOSSOS DEMÔNIOS.

A maioria de nós não amadurece com tanta rapidez quanto poderia. Estamos em constante pausa; ficamos sempre à espera para descobrir quem somos, para verbalizar sonhos, para lutar pelo que queremos, para nos abrirmos totalmente ao amor e à vida. Ficamos à espera de que a coragem pessoal surja dentro de nós ou que a sociedade nos conceda uma espécie de permissão para ativar o próprio potencial. Esquecemos que a coragem é uma escolha, e que a permissão para avançar com ousadia nunca é dada pelas massas amedrontadas. A maioria das pessoas esqueceu que correr atrás de mudanças requer sempre um pouquinho de loucura. Se agir antes que surjam as condições perfeitas ou antes de recebermos permissão é algo irracional ou imprudente, então que sejamos irracionais e imprudentes. Devemos nos lembrar de que não somos a soma das nossas intenções, mas das nossas ações. A iniciativa ousada e disciplinada é a nossa salvação; ela nos permite crescer, dar um salto, chegar às alturas da verdadeira grandeza. Não devemos ignorar a urgência deste momento, pois ele implora que comecemos algo grandioso e importante. Por isso, declaramos: DEVEMOS AVANÇAR COM ENTREGA TOTAL.

Estamos exaustos. À nossa volta, vemos rostos que parecem desgastados, cansados, carrancudos. Ouvimos conversas que soam cada vez mais dóceis e resignadas, como sussurros de uma tribo cansada prestes a se desfazer. A energia emocional do mundo está próxima de zero. O bem-estar foi deixado de lado em nome do dinheiro; o sucesso se sobrepôs à saúde mental. Neste processo, alguns se tornaram indiferentes com relação à vida e a outros. Onde está o pulso enérgico, intenso e alegre que se esperaria de pessoas tão capazes, pessoas escolhidas? Por que não ouvimos mais risadas e mais vida? Onde estão a fúria e a paixão vibrantes e loucas de seres humanos plenamente dedicados? Onde estão as pessoas que ardem de carisma, alegria e magnetismo? Onde está a gratidão pela centelha da vida? Devemos reexaminar nossa atitude com relação à vida. Nosso dever supremo deve ser reacender sua magia. Por isso, declaramos: DEVEMOS PRATICAR ALEGRIA E GRATIDÃO.

Fazemos concessões com muita facilidade quando a vida fica difícil. A maior parte das pessoas sacrifica sua individualidade e sua integridade sem lutar, embora a arrogância as impeça de enxergar esta verdade. Muitos de nós acreditamos que somos fortes, quando um olhar atento sobre nossa vida revelaria um padrão de desistência ou renúncia precoces, muitas vezes quando nossos entes queridos precisavam que fôssemos fortes ou bem quando os nossos sonhos estavam ao alcance. Seja por conveniência ou pelo enorme sorriso da popularidade, hesitamos com relação às nossas palavras e abrimos mão daquilo em que de fato acreditamos. Mas há uma nobreza naqueles que não permitem que a carência ou o desespero comprometam sua identidade. Não devemos seguir impulsos que nos levem à fraqueza ou à insensibilidade. Em vez disso, devemos resistir bravamente a nos curvar, e optar pelo poderoso salto da coragem, pelo compromisso cada vez maior com o amor, pela grande ascensão ao reino do caráter que é coerente com os nossos valores mais altos. A liberdade e a vitória pertencem àqueles que se mantêm verdadeiros e fortes, apesar da tentação. Por isso, declaramos: NÃO DEVEMOS COMPROMETER A NOSSA INTEGRIDADE.

Não estamos manifestando nem recebendo amor de acordo com as intenções divinas — estamos filtrando o amor, em vez de senti-lo. Caímos na histeria predominante que diz "proteja o seu coração", e passamos a acreditar que o amor tinha inimigos e precisava de proteção. Quando somos magoados, achamos que o amor foi de alguma forma diminuído ou prejudicado. Mas a dor não tem nada a ver com o amor, e o amor não está ligado à dor nem é afetado por ela. Quem foi ferido é o ego, não o amor. O amor é divino; está em toda parte, sempre presente, abundante e gratuito. É uma energia espiritual que está, neste exato momento, fluindo por meio do universo — por intermédio de nós, dos nossos inimigos, das nossas famílias, de bilhões de almas. Ele nunca esteve ausente de nossa vida. Não está vinculado aos nossos corações ou aos nossos relacionamentos e, portanto, não pode ser possuído ou perdido. Permitimos que a consciência do amor diminuísse; é isso.

Dessa forma, causamos o nosso próprio sofrimento. Devemos amadurecer e perceber que libertar a nossa mente de mágoas antigas e nos reabrir ao amor nos concederá acesso à força divina. Permanecer emocionalmente abertos para o mundo e dar o nosso coração sem medo de sofrer e sem exigir reciprocidade — este é o ato máximo de coragem humana. Por isso, declaramos: DEVEMOS AMPLIFICAR O AMOR.

Sucessivas gerações não têm conseguido sustentar os ideais e as virtudes da humanidade. O zumbido da mediocridade e o tom hediondo do narcisismo substituíram o que antes era o coro da sociedade cantando à virtude, ao progresso e ao altruísmo. Os talentos e o foco coletivo não estão inteiramente investidos no domínio pessoal e na contribuição social, e sim desperdiçados no voyeurismo e no sensacionalismo mais raso. Muitas vezes, não denunciamos um erro nem esperamos que nós mesmos ou outros ajam com integridade, excelência ou amor de forma previsível. Houve uma crise mundial na liderança, que deu origem a uma população apática, a uma pobreza injustificável, a uma ganância inescrupulosa e a um planeta devastado e refém da guerra. Muitas pessoas têm medo de pedir mais — de ousar, como fizeram os grandes líderes do passado, inspirar à ascensão os que estão perdidos e dar sua contribuição por meio de desafios ousados. *Precisamos* fazer melhor. Da miséria de um ambiente moral contaminado devem emergir uns poucos honrados, sem medo de desafiar os rumos do mundo. A história vai preencher o rastro das nossas ações, então tenhamos propósito e sejamos grandes. Por isso, declaramos: DEVEMOS INSPIRAR A EXCELÊNCIA.

A *pressa* se tornou o mestre. Paramos de sentir a quietude, a impressionante plenitude, a beleza e a perfeição divina de cada momento. A maioria apenas passeia pela vida, alheia aos próprios sentidos e ao ambiente, surda e cega às qualidades mágicas *deste... exato... momento*. Não podemos deixar passar tudo, passar a *vida*, mas acabamos deixando, esgotados, estressados e usurpados do Agora. O preço é enorme — tantos momentos turvos causados pela pressa, pela preocupação e pelo pânico, todos amontoados em rotinas agitadas, dando origem à catástrofe que é uma vida sem vivência e sem alegria. Muitos mal conseguem se lembrar da última vez em que riram tanto a ponto de doer a barriga, amaram tanto a ponto de transbordar, torcer tão alto a ponto de forçar as cordas vocais, sentir tão profundamente a ponto de provocar uma chuva de lágrimas, divertir-se tanto a ponto de se tornar *inesquecível* — momentos plenamente *vividos*. Precisamos d-e-s-a-c-e-l-e-r-a-r, não só para estarmos mais presentes no momento singular, mas também para estender esse momento de modo a *senti-lo* de verdade. A vida deve ser um mosaico vibrante, crescente e profundamente vívido de momentos longos e significativos. Cada dia deve ser aproveitado como uma parada em um riacho fresco durante o calor do verão. Por isso, declaramos: DEVEMOS DESACELERAR O TEMPO.

A maioria desses problemas em nossa vida foram autoimpostos. No entanto, mesmo quando nos tornamos conscientes deles, procuramos a mudança em termos humildes: definimos objetivos realistas e trabalhamos para alcançá-los. Mas, com medo de libertar todo o nosso potencial, assistimos ao nosso ânimo desaparecer, sonhamos baixo e até os maiores esforços são enfraquecidos pela distração ou pelas críticas de uma cultura conformista. Reclamamos com angústia e raiva que deveria ser mais fácil, nos esquecendo de que grande parte da energia negativa que permeia a nossa vida vem do desprezo pelas inevitáveis dificuldades da mudança.

É preciso lembrar que a história da humanidade tem apenas dois temas permanentemente recorrentes: *luta* e *progresso*. Não devemos desejar o fim do primeiro, pois o segundo seria enterrado junto dele. E, portanto, que fique evidente que a parte apequenada, reclamona e indisciplinada de nós mesmos — o lado distraído que não quer nada além de conveniência e facilidade — não é adequada para ser a governante do nosso novo destino.

Tampouco podemos permitir que pessoas apáticas e mesquinhas destruam o nosso futuro. Não devemos permitir que as pressões sociais contaminem o nosso potencial. É claro que dissemos a outras pessoas, de tempos em tempos, que não nos importamos com o que elas pensam, ou que os julgamentos delas com relação a nós não têm fundamento. Muitas vezes reclamamos, pedimos aos outros, ou lembramos às pessoas das circunstâncias que motivaram o desejo de melhorar a própria vida. Apelamos à sua grandeza para que fossem mais gentis ou mais solidárias, e pedimos, como se fossem almas gêmeas, que se postassem conosco contra aqueles que interrompem o nosso ataque. No entanto, muitas vezes os outros não ouviram as nossas verdadeiras vozes. Não acreditaram em nós, não nos apoiaram nem torceram por nós nos momentos mais importantes. Não devemos mais, portanto, esperar pela ajuda ou aprovação deles. Devemos considerá-los, assim como o restante da humanidade, inimigos nesta batalha caso eles se coloquem no caminho dos nossos sonhos, mas amigos, caso venham em paz e ofereçam ajuda.

Vamos despertar e perceber que há muito mais vibração, alegria e liberdade à disposição de cada um de nós. Há mais sentimento. Há mais potencial. Há mais amor e mais abundância. Mas o acesso a isso reside em nossas mãos, pois apenas duas coisas podem mudar nossa vida: ou algo novo entra nas nossa vida, ou algo novo vem *de dentro*. Não fiquemos à espera de que o mero acaso mude a nossa história; vamos reunir a coragem para mudar nós mesmos. Alguns vão se meter em nosso caminho, mas não devemos mais nos esconder nem nos apequenar. Acreditemos fielmente que os nossos sonhos valem qualquer luta, e que está na hora de nos libertarmos e conquistarmos a glória.

NÓS, PORTANTO, como mulheres e homens livres, corajosos e conscientes, apelando ao nosso Criador pela força para viver os nossos desejos, solenemente publicamos e declaramos, em nome do nosso Destino, que a nossa vida é — e, claro, deve ser — livre e independente. Declaramos que não devemos lealdade àqueles que nos oprimem ou nos magoam, que todas as ligações sociais com estas pessoas devem ser desfeitas por completo, e que, como pessoas livres e independentes, temos todo o potencial para pôr em prática a nossa verdadeira força, para viver nossos sonhos, encontrar a paz, criar riqueza, amar abertamente aqueles que amamos, contribuir sem sentir medo ou pedir permissão, lutar pela grandeza pessoal, contribuir para o bem comum e fazer tudo mais que pessoas independentes e motivadas têm o direito de fazer. E, em nome desta Declaração, com uma firme confiança na proteção da Providência Divina, damos como garantia a nossa Vida, nossa Fortuna e a nossa Sagrada Honra.

PARTE UM

SOBRE A NATUREZA HUMANA

Liberdade, medo e motivação

1. Sobre a liberdade

Quero liberdade para plenamente expressar minha personalidade.
MAHATMA GANDHI

Uma vida vibrante, autêntica e com propósito é um direito de toda a humanidade. Mas a maioria de nós não consegue compreender isso. Somos leões e leoas vivendo como ratos. Em vez de explorar livremente a savana, levamos vidas apequenadas e distraídas. A vocação de cada homem e mulher que respira é ter uma grande visão para as próprias vidas e, dia após dia, reivindicar a imensidão dessa visão. No entanto, em vez de perseguir nossos sonhos com entrega total, muitas vezes ficamos parados, de mau humor, com desculpas e reclamações, correndo atrás de metas insignificantes que fazem pouco da magnificência do nosso ser. Será que é essa a nossa verdadeira natureza?

Claro que não. Todos nós fomos feitos para ser selvagens, independentes e livres, com nossos corações cheios de uma paixão feroz pela vida. O dia deve ser nosso, e o nosso propósito nele é viver como realmente somos e desfrutar de todo o terreno da liberdade da vida enquanto buscamos os nossos próprios significado e propósito, o nosso próprio legado. Se formos capazes de nos libertar das restrições sociais, poderemos ter esse dia, e poderemos dar um salto e ir além, expressando o nosso potencial até o limite. Podemos caçar os nossos sonhos com uma ferocidade inimaginável para as criaturas que estão presas em desertos de estresse e tristeza.

Portanto, não esqueçamos do que estamos perseguindo: *A principal motivação da humanidade é buscar e experimentar a Liberdade Pessoal.*

Esta não é uma declaração política nem necessariamente uma filosofia ocidental. Seria difícil negar que todas as pessoas em todo o mundo desejam profundamente as grandes liberdades: social, emocional, criativa, financeira, temporal e espiritual. Não importa a religião, a filosofia espiritual ou de vida de uma pessoa, ela deseja exercer sua liberdade. O argumento prossegue: não importa como uma pessoa queira se sentir na vida, ela quer a liberdade de sentir isso; não importa o que uma pessoa queira criar e contribuir, ela quer liberdade para fazê-lo; não importa o que uma pessoa sonhe fazer em seu tempo de trabalho ou livre, ela quer a liberdade de tomar decisões e aproveitá-las; não importa a orientação política de uma pessoa, ela quer a liberdade de segui-la e defendê-la. E assim, na base de todos os nossos desejos, está o desejo maior de liberdade para *escolher* e *concretizar* esses desejos.

Escolher nossos próprios objetivos e buscar concretizá-los gera uma sensação de vitalidade e de motivação na vida. As únicas coisas que atrapalham os nossos esforços são o medo e a opressão.

Em última instância, Liberdade Pessoal é isso: liberdade das amarras da opressão *social* e da trágica *auto*-opressão que é o *medo*. Libertos dessas coisas, temos a capacidade de expressar quem realmente somos e de buscar o que profundamente desejamos, sem restrições estabelecidas por outros nem por nós mesmos.

Ao experimentar a Liberdade Pessoal, temos um elevado senso de *autenticidade* e de *alegria* em nosso ser. Nós nos sentimos ilimitados, independentes e confiantes. Há uma legitimidade e uma vitalidade palpáveis na forma como nos relacionamos com os outros e contribuímos para o mundo.

Liberdade Pessoal — nosso objetivo — significa:

- vivermos livremente, ao construir uma vida em nossos próprios termos;
- sermos livres diante das opressões, das mágoas do passado e das ansiedades do presente;
- sermos despreocupados e espontâneos, enquanto espíritos livres;
- expressarmos corajosamente nossos pensamentos, sentimentos e ambições com aqueles à nossa volta, sem nos preocuparmos com a aceitação;
- desfrutarmos do nosso livre-arbítrio a fim de buscar felicidade, riqueza, saúde, realização e contribuição abundantes;
- amarmos livremente quem escolhemos com uma entrega apaixonada;
- defender livremente quem somos, professando e protegendo as nossas ideias e integridade;
- servirmos a uma missão que escolhemos servir;
- lutarmos para dar aos nossos filhos uma base nessa liberdade, construindo em seus corações a vontade de viver como escolherem, para que enfrentem a opressão com coragem, e tenham oportunidades com a intenção virtuosa de contribuir.

Alguém seria capaz de negar que essas são coisas que todos os seres humanos desejam e pelas quais batalham?

O apelo à liberdade individual como o grande impulso humano tem sido expresso há séculos por revolucionários, humanistas, filósofos e líderes espirituais. Ouvimos sua essência ser expressa como o *direito inalienável do ser humano* de pensar por si mesmo, de falar o que pensa, de correr atrás da felicidade, de buscar a paz e a prosperidade, e de cantar de acordo com sua própria concepção do Divino, sem o conformismo imposto por cabeças fechadas, sejam elas dos outros ou a sua própria.

À exceção das tiranias que oprimem seus povos por meio do medo, este argumento é válido na maioria das culturas modernas, dos movimentos políticos e das áreas de estudo humano: *cada um de nós, cada indivíduo, deve ter o direito de levar sua vida adiante de forma feliz e pacífica, sem medo, mágoas, prisão ou restrições sociais arbitrárias.*

Sabemos inerentemente que, quando controlada por outros, a vida perde o seu brilho, e somos jogados na melancolia e na mediocridade. Sem essa luta pela liberdade individual, o que será de nós? Cedemos nosso livre-arbítrio para uma sociedade de estranhos que não fala de liberdade e coragem, mas de conformismo e cautela. O verdadeiro "eu" é subjugado e surge um falso eu, um mero reflexo de uma sociedade que perdeu o rumo. "Eles" começam a comandar nossa vida e logo não somos mais "nós", e sim apenas zumbis ambulantes alimentados com comandos sobre as preferências e as expectativas alheias. Nós nos tornamos almas mascaradas que passam o tempo inteiro vagando por um deserto de mesmice e tristeza. Ficamos cansados e fracos. Perdemos nossa natureza. E, então, vemos o pior do comportamento humano — uma massa de pessoas que não falam por si mesmas nem pelos outros, que apenas cumprem o que lhes é dito para fazer.

Desta realidade emergiu o pior dos horrores humanos do nosso passado: os assassinatos em massa de raças e classes porque a elite poderosa ou as igrejas disseram para queimar a terra ou purificar as almas, o Holocausto lançado sobre milhões ao passo que o mundo ficou muito tempo só olhando antes de agir, a indiferença em massa de uma sociedade que permite à população passar fome e sofrer, os atos desprezíveis de turbas e lunáticos que simplesmente não respeitam a liberdade ou os direitos dos indivíduos. Quando a liberdade acaba, o sofrimento é instaurado para todo mundo.

Por que a liberdade é tão preciosa para os nossos corações?

Porque ela está fortemente ligada ao desejo humano de *ascensão* — nosso impulso natural para superar as circunstâncias e concretizar nossos objetivos, nosso potencial, nosso mais elevado eu.

Todas as coisas que fazem a vida valer a pena para grandes homens e grandes mulheres — a busca pela felicidade, os desafios, o progresso, a expressão criativa, a contribuição, a sabedoria arduamente conquistada e a iluminação — derivam do nosso desejo de *ascender a níveis mais elevados de ser e de fornecer.*

Todo ser humano dispõe de uma tendência natural para ascender a planos mais elevados de existência, mas cabe a cada um de nós associar essa tendência a uma iniciativa concreta. Devemos nos lembrar de que a liberdade só pode ser alcançada por meio de vontade e desejo conscientes. Buscar ascender na vida exige garra e determinação, esforço e coragem. Aqueles que se esforçam, contudo, conquistam todas as glórias da vida e da história. Tenha em mente que os grandes mestres e líderes do passado se dedicaram a se libertar das opressões sociais e internas em um grau impressionante. Eles tiveram de se esforçar, mas aprenderam a ser livres no presente, para expressar quem realmente eram, criar e contribuir com o mundo sem o medo paralisante. Não sentiam desejo de se conformar, e sim aprenderam a ser independentes, únicos e autênticos, ao mesmo tempo que serviam ao mundo de maneira eficaz, mesmo tendo sido frequentemente julgados ou presos. No terreno desta libertação pessoal estão as figuras mais nobres do mundo: Mahatma Gandhi, Viktor Frankl, Martin Luther King Jr. e Nelson Mandela foram livres mesmo durante seu encarceramento.

Basta olhar para trás, para a história, e a liberdade salta da página como metáforas emblemáticas:

É o corajoso revolucionário, que víamos como a figura solitária no cadafalso, recusando-se a renunciar às suas crenças e a abandonar a luta pela independência.

É cada grande revolta que celebramos, quando víamos aqueles em menor número adentrarem o campo de batalha contra forças maiores e mais bem armadas, prontos para serem massacrados para que os seus filhos tivessem a oportunidade de lutar pela liberdade um dia no futuro.

É a criação de novas nações, quando vimos bombas explodindo no ar e as casas dos corajosos sendo construídas sobre os alicerces da liberdade.

É a corrida por novas terras, quando vimos cavalos selvagens disparados rumo ao oeste, carregando homens ainda mais selvagens com pressa de lutar por uma nova vida.

É a alma da Guerra de Secessão, quando vimos vizinhos divididos entre azuis e cinza, matando-se uns aos outros, manchando de sangue o solo da sua terra, e ainda assim unidos para abolir a ideia de que os seus semelhantes deveriam ser escravizados.

É a quebra dos laços com a Terra, quando vimos dois irmãos em uma aeronave rudimentar transcenderem as poderosas amarras da gravidade. É o ímpeto por trás da Primeira Guerra Mundial, quando vimos rostos manchados de lama e de sangue a milhares de quilômetros de casa, vestidos com roupas verde-oliva, armados com nada além de facas, fuzis, cantis e senso de dever, honra e pátria.

É a luta contra Hitler, quando vimos o pequeno e malvado tirano — com uma raiva monstruosa, infligindo horror e morte a milhões de pessoas — enfim ser derrotado por um conjunto de nações, uma delas liderada por um homem livre em uma cadeira de rodas.

É o maior dos sonhos já verbalizados, quando vimos milhares de pessoas marchando em cidades amedrontadas e preconceituosas contra uma horda de picaretas, cachorros e mangueiras de incêndio; quando vimos centenas de milhares de pessoas marchando rumo àquela cidade brilhante no alto de uma colina, para ouvir sobre o sonho de um homem de deixar ressoar a liberdade.

É aquele salto gigantesco da humanidade, quando vimos aquela pequena cápsula de metal carregando homens corajosos em uniformes brancos e engraçados indo além do céu azul rumo ao breu, transcendendo seus próprios limites terrestres, pousando na Lua, voltando para casa, para um mundo que nunca mais acreditaria que algo é impossível.

É a queda do Muro de Berlim, quando vimos milhões de pessoas famintas por liberdade derrubando o muro real e metafórico que dividia a humanidade. A décadas e a milhares de quilômetros de distância, em outro país cuja grande muralha ainda existe, vimos um sujeito franzino em uma praça enorme colocar-se desafiadoramente em frente a um tanque que se aproximava, proclamando seu direito à liberdade.

Essas são as imagens duradouras da nossa história, marcadas pelo sangue, pelas lágrimas, pelo trabalho e pelo suor daqueles que buscaram e lutaram por alguma forma de libertação. Repetidas vezes, vemos milhões de pessoas marchando, milhões de pessoas lutando, milhões de pessoas morrendo e milhões de pessoas vencendo, tudo pela causa da liberdade.

A narrativa por excelência da espécie humana é sua busca por mais liberdade e as lutas afins para ascender a padrões de vida e de relacionamento mais elevados.

Nesse desejo divino de superar a tirania, a opressão e os limites da nossa própria escuridão e abjeção, encontramos de modo recorrente esperança para a humanidade.

Aqueles que encontraram esperança e experimentaram uma vida livre e feliz, apesar das brutalidades e das trevas da história, não eram meras pessoas de sorte ou famosas, e sim de consciência e coragem. Conheciam as demandas do seu tempo, sabiam que o destino estava conectado ao homem e/ou à mulher à sua esquerda e à sua direita, e que tinham de permanecer motivadas para superar tanto os seus demônios internos quanto os tiranos sociais do mundo. A marcha dessas pessoas foi longe e cheia de esforço, resistência e iluminação. Elas proclamaram sem constrangimento a sua independência, os seus direitos e a sua direção. O único guia delas vinha de dentro, um manifesto em sua mente que exigia coragem para serem elas mesmas e disciplina a fim de canalizar suas energias a propósitos mais elevados.

Por causa deste exemplo temos muitas liberdades sociais pelas quais devemos ser gratos. No mundo todo, a liberdade política continua a crescer ou a ser almejada. A liberdade financeira começa a se estender a outros recantos do globo. Individualidade e exclusividade estão ganhando no comércio. Todas as liberdades que consideramos óbvias nas culturas mais liberais e prósperas — a conveniência em cada esquina, a segurança contra ameaças físicas, o amplo acesso à educação e aos cuidados de saúde — chegaram graças ao esforço de homens e mulheres dedicados a alguma forma de liberdade.

Por isso, devemos às gerações anteriores — e, com respeito, às gerações futuras — nada menos do que procurar e encontrar a nossa própria Liberdade Pessoal moderna. Para isso, devemos acordar todos os dias com total nitidez de que estas são horas profundamente importantes em nossa vida, quando recuamos diante de uma tal grandeza, preferindo a aprovação daquelas de pensamento tacanho, ou nos inspiramos no exemplo das pessoas nobres e livres que se recusaram a fazer concessões. Portanto, deixemos cada um de nós, à sua maneira e com a própria voz, ecoar a sua coragem e proclamar a liberdade como a nossa luta, a nossa causa, o verdadeiro desafio para o qual despertamos de modo a vivê-lo e conquistá-lo.

AS DÚVIDAS SOBRE A LIBERDADE

Algumas pessoas questionaram se não teríamos autonomia demais, se as nossas grandes liberdades são tão boas assim. A longa luz desta era dourada de paz e prosperidade mudou o mundo para melhor, contudo, em alguns, provocou uma queimadura na alma — uma exposição excessiva à abundância que provocou indolência, ganância, narcisismo e arrogância.

E esses indivíduos, mesmo que vivam nas zonas de maior liberdade política da Terra, não são na verdade livres. Estão aprisionados por seus próprios vícios recorrentes. O homem aflito pela sede de poder ou pelo dinheiro em si é apenas isso: aflito. É atormentado por desejos incessantes de querer mais sem motivo algum. É o mais propenso a usar uma "máscara social" para ter sucesso e, portanto, está sempre inseguro com relação a si mesmo e à sua vida. A profunda cicatriz dentro de si sempre o deixa obcecado sobre como conseguir mais, o motivo pelo qual ainda não o tem e a quem terá de agradar ou o que terá de se tornar para conseguir o que almeja. A mulher aflita pela necessidade de admiração não é capaz de ter um único momento livre, de verdadeira alegria, distante de sua obsessão consigo mesma; é escrava da busca incessante pela juventude, pela beleza e pela aceitação social. Seu desejo infinito a deixa cega para áreas de crescimento e a afasta os outros, destruindo suas chances de se autoexpressar de maneira autêntica e de receber o amor crescente e verdadeiro que ela merece. E, para os que acham que o mundo tem obrigação de dar o que querem, não existe nada além de constantes reclamação e infelicidade; nenhuma pessoa que acredite que deveria receber tudo em troca de nada estará livre de uma inveja imatura e do desprezo por aqueles que têm mais. Essas pessoas talvez sejam as mais aprisionadas de todas, escravas de uma grande ficção de que o mundo lhes deve alguma coisa.

Assim, descobrimos que mesmo em culturas prósperas e politicamente "livres" ainda sobrevive a tirania do conformismo aliada à turbulência interna.

Isto nos traz de volta ao foco na Liberdade Pessoal. A causa não desaparece simplesmente porque existe liberdade política ou financeira.

Sempre haverá alguma forma de pressão social, e vamos sempre precisar nos libertar das vaidades do mundo moderno para que não nos tornemos as caricaturas preguiçosas, gananciosas e narcisistas da humanidade moderna. Precisaremos sempre nos dedicar ao domínio próprio e às habilidades sociais para poder expressar de forma autêntica quem somos, e buscar com alegria o que desejamos da vida. Que seja este o nosso trabalho.

UMA CAUSA INTERROMPIDA

É somente por meio da autoexpressão ativa e da busca pelos próprios objetivos que podemos nos tornar livres.

Pensar, sentir, falar e agir de maneiras que nos são verdadeiramente características gera integridade e molda a base para a nossa felicidade. Como fomos capazes de perder isso de vista?

A busca pela Liberdade Pessoal começa quando somos jovens e começamos a formar as crenças individuais e a ajustar nossos comportamentos independentemente dos comandos dos nossos cuidadores. É a criança que dá os primeiros passos longe da mãe, que atravessa a rua sozinha com segurança, que escolhe com zelo o que deseja comer, desenhar ou vestir. A história dela é a história da nossa tendência natural para a independência, um desejo de nos tornarmos nós mesmos. À medida que crescemos, o impulso se torna melhor definido, potente e intelectualizado — decidimos de modo consciente que queremos ser independentes, encontrar o nosso caminho, correr atrás dos próprios sonhos, quebrar os próprios limites, amar sem pedir permissão e contribuir sem restrições. Decidimos ir à escola, terminar um relacionamento, correr riscos, iniciar uma nova carreira, nos juntar a um movimento, conhecer o mundo. Começamos a afirmar as nossas ideias porque queremos deixar a nossa marca. Essa tendência natural nunca desaparece.

O problema é que a nossa busca é tragicamente interrompida repetidas vezes, roubada pelas pessoas à nossa volta ou pelo nosso próprio medo.

E essa é a realidade que enfrentamos agora.

Precisamos superar a opressão social e a auto-opressão se quisermos nos juntar às fileiras de almas livres que amam a própria vida e lideram seus pares.

OPRESSÃO SOCIAL

A tarefa mais difícil em mãos é derrotar a opressão social, o aprisionamento do nosso espírito e o sufocamento do nosso potencial pelos outros. Ou seja, os momentos em que outra pessoa exerce julgamento, autoridade ou poder contra nós de maneira desgastante, cruel, manipuladora ou injusta. É quando um pai nos controla tanto que não conseguimos ser nós mesmos; quando um namorado ameaça nos recusar amor se não fizermos o que ele quer; quando um chefe mente e depois nos ameaça se dissermos a verdade; quando queremos seguir nossas próprias crenças espirituais, mas a cultura nos sufoca com seus dogmas. É quando os julgamentos mesquinhos, as críticas insensíveis, os comentários humilhantes, as injúrias ou as expectativas irracionais e as ações diretas ou indiretas de qualquer outra pessoa nos reprimem. Quando os outros fazem com que nos sintamos insignificantes, impotentes ou não merecedores, isso é um efeito da opressão. Todas as barreiras artificiais erguidas por uma sociedade controladora são parte disto — as absurdas regras informais ou as burocracias formais que limitam as pessoas devido às origens, classe, religião, raça, etnia, orientação sexual, idade ou aparência.

Alguns de nós conseguem se lembrar de momentos dramáticos em que fomos ridicularizados por sermos diferentes, ou manipulados de modo a nos conformarmos. Podemos recordar situações em que fizemos concessões com relação a quem éramos em busca de evitar conflitos. *Abrimos mão de parte da nossa integridade para ficar bem com os outros.* Começamos a agir como "eles" na escola ou no escritório. Fingimos, sorrimos, seguimos o caminho que nos mandaram seguir. Fizemos de tudo para evitar o silêncio do ostracismo ou a dor do julgamento alheio. Tínhamos esperança, acima de tudo, de estarmos seguros, de sermos aceitos, de fazer parte do grupo.

A opressão social se faz presente quando as atitudes dos outros diminuem quem somos ou nos impedem de correr atrás dos nossos próprios objetivos. Muitas vezes, as pessoas com maior capacidade de adaptação são as menos conscientes deste processo, e muitas vezes são as menos bem-sucedidas e autênticas em termos sociais — elas se ajustaram a um personagem previsível e perderam sua espontaneidade e originalidade. Já não se reconhecem no espelho; perderam a individualidade; são apenas uma caricatura da preferência coletiva. Nenhuma pessoa de pensamento livre deseja tal destino, e, portanto, devemos estar eternamente atentos para evitar o desejo de nos conformar.

No entanto, a sensação de segurança que as pessoas obtêm do conformismo não pode ser subestimada; ela é um dos grandes inimigos da Liberdade Pessoal. As estruturas e as recompensas da sociedade dão uma sensação de ordem aos indivíduos. Mas cargos pomposos, sobrenomes, posições em conselhos consultivos e aclamação pública em raras ocasiões nos proporcionam um sentido profundo de significado. Podem facilitar que tenhamos confiança no rumo em curso. Se trilharmos caminhos preestabelecidos, o mesmo que os outros estão fazendo, então talvez recebamos sinais de que estamos no rumo certo e de que provavelmente seremos aceitos. Mas e se corrermos atrás de tudo isso, acreditarmos em tudo isso, e então um dia acordarmos e descobrirmos que tais coisas não são o que importa de verdade?

Fazer este questionamento, sacudir as jaulas do conformismo, significa trazer um risco real para dentro da própria vida. Uma vez libertado, o animal percebe que está sozinho, sem saber o que fazer, afastado da vida e das coisas que conhece. A súbita ausência de certezas pode ser paralisante. Se tivéssemos liberdade total na vida, o que faríamos propriamente, para onde iríamos, como nos comportaríamos no dia a dia, e o que nos daria sentido? Perguntas assim podem ser assustadoras.

Com essa incerteza vem também o risco de vulnerabilidade e solidão. Ficamos vulneráveis porque estamos além das grades seguras da jaula, que, apesar de limitadoras, fazem com que nos sintamos seguros. Aqueles que ainda estão dentro da jaula não enxergam mais os libertos como um deles. Dizer não às expectativas dos outros pode trazer à tona os maiores medos: isolamento ou abandono, ser considerado inferior e indigno de amor.

Todavia, permanecer confinado às regras de outras pessoas acarreta outros riscos. Correr atrás dos prêmios que a sociedade determina que devemos desejar também pode nos afastar do nosso verdadeiro eu. Quantos artistas abandonaram sua arte porque ouviram que tinham de ganhar dinheiro de uma forma tradicional? Quantas pessoas talentosas se afastam dos seus pontos fortes em busca de se encaixar em um papel mais necessário, mas menos gratificante? *Quantos desistiram dos seus sonhos para seguir um caminho mais seguro, rentável e socialmente aceito?* Os objetivos dos outros (pais, professores, cônjuges, fãs) podem se tornar os *nossos* objetivos, se não estivermos atentos. A certeza deles pode ocupar o lugar da nossa busca por algo novo. O significado coletivo deles pode subjugar a busca pelo significado individual. Sim, fiquemos atentos. Podemos rapidamente nos perder nos outros e na nossa cultura. Não nos tornamos seres humanos livres e autênticos, e sim escravos da opinião alheia.

Esta é a maior desgraça: experimentar uma vida que não é a nossa.

Uma escolha difícil, portanto, deve ser feita entre o conforto de nos adaptarmos e agradarmos aos outros e a nossa motivação mais forte rumo à Liberdade Pessoal.

Esta escolha fica mais fácil quando atingimos níveis de maturidade e iluminação que permitem que enxerguemos a possibilidade de ser individualmente livres, mas não inteiramente apartados da nossa cultura e daqueles que amamos, que a independência não exclui a interdependência, que a singularidade individual não significa que temos de ser párias sociais ou forasteiros espirituais. *Aprendemos que, quanto mais somos fiéis a nós mesmos, mais podemos nos conectar e contribuir com o mundo.* Descobrimos que quanto mais livres, espontâneos e autênticos nos tornamos, mais a motivação e a vitalidade retornam, e mais os outros são atraídos por nós e querem estar por perto.

AUTO-OPRESSÃO

Infelizmente, a maior parte da opressão não vem dos outros, mas de uma fonte da qual menos suspeitamos: nós mesmos.

A *auto*-opressão é a condição de permitir que os próprios pensamentos e as próprias ações negativas nos limitem. É uma autossabotagem, um fardo para o nosso espírito por meio de dúvidas, preocupações, medos e distrações incessantes.

Nenhum de nós quer ser a causa do próprio fracasso na vida — mas, na maioria das vezes, somos. São o pensamento destreinado e os maus hábitos que arrancam a vibração da vida. Somos os opressores da nossa própria felicidade, em última instância.

A auto-opressão fica evidente sempre que impomos limites a nós mesmos. Ficamos em casa, em vez de sair, porque estamos ansiosos demais para explorar as circunstâncias. Procrastinamos diante de uma tarefa importante ou de um novo empreendimento interessante porque não conseguimos superar a insegurança. Enganamo-nos ao achar que as coisas devem estar perfeitas antes de lançarmos nossa arte no mundo, quando a nítida realidade é que somos indisciplinados demais para concluir as coisas. Mentimos para nós mesmos, quebramos as próprias promessas, deixamos que os sonhos desapareçam sem nos agarrarmos a eles. Não está claro que podemos ser nosso pior inimigo? Mas também podemos ser nossos próprios redentores. Por meio da expressão ativa da nossa natureza autêntica e dos esforços constantes para controlar nossas mentes e fazer a vida andar, podemos, enfim, depois de todo esse tempo, experimentar a liberdade e a alegria que merecemos.

É por isso que buscamos o crescimento pessoal — para nos *libertarmos* da dor que causamos a nós mesmos, para fazermos escolhas melhores, para percebermos melhor quem nos tornamos, para agirmos com mais confiança em ocasiões sociais e para liberarmos toda a criatividade e as contribuições no mundo de modo a fazer a maior diferença possível. Nesse sentido, conquistar a Liberdade Pessoal é deixar para trás qualquer hesitação e autoaversão e permitir que sejamos nós mesmos, únicos, poderosos e autênticos.

Ao nos libertarmos a fim de conquistar mais presença e autenticidade na vida é que encontramos confiança em nós mesmos, crescemos, dominamos e colocamos em prática a melhor versão de nós mesmos, encontramos alegria genuína nas interações e experiências no mundo, nos sentimos motivados e livres.

Inclusive, os sinais mais evidentes de que alguém é livre e saudável são a *autenticidade* e o *crescimento*.

Cientes disso, devemos ter responsabilidade e coragem para pensar por nós mesmos, para perguntar: "Minhas ambições, atenções, afeições e ações são verdadeiramente escolhas minhas? Estou sendo eu mesmo no mundo e buscando coisas que são profundamente importantes para mim? Estou me abrindo para mudanças e desafios de modo a ser capaz de expandir e desenvolver todo o meu potencial?".

Esse tipo de análise nos faz lembrar de que o poder pessoal está diretamente ligado à responsabilidade pessoal, algo que a maioria das pessoas evita. Alguns talvez esperem que "liberdade" seja sinônimo de poder desistir ou se libertar da responsabilidade por nossa vida, mas nada poderia estar mais longe da verdade. O pensamento diz: "Se sou livre, não deveria estar livre de todas as responsabilidades?". Mas a Liberdade Pessoal não é a liberdade de por fim nos entregarmos a quaisquer estados de espírito ou tendências passageiras que sejam atraentes. Não significa podermos agir de acordo com todas as necessidades imediatas, sermos cruéis com os outros à nossa volta quando temos vontade, fazer o que quisermos e quando quisermos, nem agirmos como bufões irresponsáveis simplesmente porque seria divertido ou prazeroso em determinado momento. Tudo isso seria apenas continuarmos escravos do impulso e da compulsão desatentos.

Liberdade exige responsabilidade de escolher quem somos para além de impulsos, necessidades e pressões sociais imediatas, para que seja possível expressar genuinamente o tipo de pessoa que queremos ser, levar a vida que realmente queremos, deixar o legado que desejamos. Se não formos livres para escolher o caráter, a conduta e o legado que nos dizem respeito, então estaremos sendo controlados por alguma outra coisa — e, portanto, não há liberdade. E, se não somos responsáveis por nossas crenças e nossos comportamentos, então alguém ou alguma coisa o é — portanto, mais uma vez, somos escravos. E assim fica nítido o grande chamado:

Se quisermos ser livres, devemos estar conscientes e ser responsáveis por nossas crenças e nossos comportamentos.

Assim como liberdade não significa libertação de responsabilidades, também não significa necessariamente a ausência de esforço. Claro, todos nós desejamos estar livres de dores e limitações. Mas a busca pela Liberdade Pessoal é mais complexa. Sim, queremos nos libertar da dor, mas, paradoxalmente, não nos importamos em *incluir desconforto* na vida em busca de expandir, crescer e fazer a diferença. Aceitamos a dor em nome da conquista, e é por isso que exigimos tanto dos nossos corpos para ficarmos mais fortes e mais rápidos; por isso acordamos cedo, apesar do cansaço, para cuidar de alguém a quem amamos; por isso sacrificamos tempo pessoal para ajudar aqueles em necessidade; por isso sofremos com o que não está certo por determinado tempo a fim de, em breve, termos o que *de fato* é certo.

Portanto, Liberdade Pessoal é mais do que apenas estar livre de dor — é ser livre para viver, para verdadeiramente desfrutar e expandir a vida. Não se trata apenas de liberdade *das* coisas ruins que nos limitam, mas de liberdade *para* experimentar coisas boas que nos despertam.

Muito tempo atrás, a espécie humana transcendeu instintos animais básicos; quando desenvolvemos razão, julgamento e inteligência, fomos capazes de fazer escolhas além de simples impulsos físicos de evitar a dor ou buscar prazer. Aprendemos que o sentido é mais importante do que o prazer imediato. Inclusive, o que aprendemos com todos os nossos mentores, heróis, professores, sobreviventes, líderes, santos e lendas, senão que, nos melhores momentos, estamos dispostos a renunciar ao prazer e a suportar a dor para ter liberdade, significado, amor e transcendência?

Por isso queremos nos libertar da dor, e ao mesmo tempo comemorar as lutas e as dificuldades que contêm significado, porque sabemos que essas mesmas coisas nos libertarão de um nível de vida e nos levarão a outro. Sabemos que a dor pode ser necessária e heroica, que os nossos obstáculos não devem ser condenados, mas na maioria das vezes vistos como um rito de passagem que abre as portas para algo maior. Assim, a Liberdade Pessoal talvez seja uma ambição iluminada e romântica, heroica e poética, mas ao mesmo tempo real — é o impulso humano para *transcender*.

Será que essa transcendência, essa Liberdade Pessoal, é a principal motivação da humanidade porque é também o objetivo e o destino final da experiência humana? Dia a dia, nos esforçamos para ter mais liberdade de escolha e mais prosperidade, para podermos nos expressar de modo genuíno e oferecer mais oportunidades àqueles a quem amamos. E, em nossos momentos finais, tudo aquilo pelo que sofremos e que nos causou sofrimento será liberado à medida que nossas almas deslizam para a liberdade final do Divino. É isso. Na vida, buscamos a Liberdade; na morte, somos libertados em sua vastidão.

UMA BUSCA DEDICADA

Para conquistar e manter a Liberdade Pessoal, temos de nos dedicar ao domínio próprio; temos de identificar e disciplinar nossas motivações a fim de permanecermos fiéis ao nosso senso de identidade, à nossa própria trajetória.

Com tal ideia em mente, jamais precisaremos ficar confusos sobre *por que* agimos assim. Vale a pena repetir essa verdade mais uma vez, para incuti-la profundamente em nossas psiques, de forma que nossas ações não sejam mais nem acidentais nem um frustrante mistério: cada decisão e ação da humanidade deriva de uma expectativa de alcançar a Liberdade Pessoal. Buscamos ser livres de dificuldades, dores, medos, ansiedades e carência; livres de opressão; livres para sermos nós mesmos; livres no presente para viver a surpresa, a espontaneidade e o nosso próprio espírito; livres para escolher o rumo da vida; livres para correr atrás dos nossos sonhos; livres para amar abertamente, sem julgamento, condições ou arrependimentos; livres para dedicar tempo, energia e recursos a causas nas quais acreditamos; livres para experimentar e desfrutar de paz, paixões e prosperidade futuras. É o motivo principal de todo o nosso esforço: *sermos livres*. Se conseguimos nos lembrar de que é a Liberdade Pessoal que buscamos, então vamos poder nos organizar, planejar e concretizar. Portanto, estejamos agora plenamente conscientes da Liberdade Pessoal como a nossa força motriz, e lembremo-nos de honrar esse impulso tanto em desejos como nas ações diárias. Deixemos a liberdade falar de novo em nossos ouvidos, desta vez mais alto, mais perto e de maneira mais íntima. Sejamos mais ousados ao expressar nosso eu, e mais dedicados na construção da vida ideal.

Não existe qualquer promessa de tranquilidade no esforço extraordinário necessário para ser livre. Romper com o conformismo e correr atrás dos próprios sonhos vai provocar alguma discórdia. Haverá luta e sacrifício pessoal, medo e acidentes conforme tentamos nos afirmar no mundo. Uma dedicação vital à nossa autêntica natureza e aos nossos sonhos vai incomodar as pessoas ou despertar sua ira; vai ferir egos, pisar nos calos, destruir relacionamentos e nos obrigar a interagir com aqueles que tentam nos impor limites ou interromper nossa marcha. Poderemos ter de enfrentar *bullies* (pessoas que cometem bullying), romper com os idiotas, abandonar um ambiente de trabalho tóxico e desafiar outras pessoas a adotar padrões mais altos.

Sim, vai ser uma tarefa difícil. Portanto, façamos um balanço do que está por vir. Este trabalho vai exigir, em última instância, que verbalizemos quem somos e o que queremos. Exigirá novos níveis de presença, poder e responsabilidade nos papéis importantes que desempenhamos em nossa vida. Exigirá que mudemos a rotina e, em última análise, que retomemos o controle da nossa agenda. Exigirá coragem para derrotar os demônios internos que ameaçam a nossa grandeza. Exigirá vontade de avançar com entrega para além da zona de conforto. Exigirá novas práticas de alegria e um maior sentimento de gratidão. Exigirá que nos recusemos a corromper nossa integridade quando nos percebermos diante de obstáculos. Exigirá que liberemos o amor para que nossa alma voe mais alto. Exigirá que ascendamos à grandeza para que sirvamos, lideremos e deixemos a nossa marca. E exigirá que sintamos o tempo de forma diferente, para que experimentemos a vastidão e a liberdade dos momentos. Para cada uma destas exigências, teremos de estabelecer novas e ousadas convicções em nossa vida.

Dedicar toda a energia para avançar rumo à Liberdade Pessoal — a vida autêntica cheia de vibração e sentido: deve ser *esse* o nosso objetivo. Organizemos as motivações para que vivamos de acordo com uma causa tão nobre e digna. Vamos estabelecer novas convicções e ter disciplina em nossa vida. Deixemos o valor da liberdade ressoar em cada recanto de nossas mentes, em cada pensamento e ação que escolhemos, em cada relacionamento que influenciamos, em todos os longos dias e as longas marchas que levam ao nosso eu mais elevado e às contribuições mais elevadas, por meio de todos os sonhos cheios de esperança nascidos de uma alma livre.

2. Sobre o medo

Livre é quem tem coragem.
SÊNECA

O medo nos priva da liberdade. É o destruidor da grandeza. Sabemos disso, e sabemos que devemos educar a nossa mente para derrotar o medo. No entanto, olhe para todos os adultos que agem como crianças impotentes e, por causa do medo, desviam-se da vida que desejam. Aqueles que são socialmente oprimidos dizem: "Ah, você não entende. As pessoas sempre me atrapalham e tenho medo de correr atrás dos meus sonhos porque os outros vão me julgar e me rejeitar". E os auto-oprimidos dizem: "Você não entende. Não posso correr atrás dos meus sonhos porque pode ser que eu fracasse — talvez eu não seja bom o suficiente". Esses são os pensamentos debilitantes das pessoas que têm medo. Se queremos conduzir uma vida vibrante, temos de transcender essa infantilidade e encarar o medo nos olhos, reconhecendo-o como uma construção mental que só nós alimentamos com pensamentos tacanhos que não fazem jus à nossa grandeza.

É a primeira coisa que o ser humano consciente compreende: a menos que estejamos sendo perseguidos por um animal mortífero, por um ser humano perturbado ou diante de consequências físicas iminentes, como sofrer uma queda fatal, o medo é apenas produto do mau gerenciamento da mente.

Hoje em dia nos deparamos com uma infinidade de mediadores e de profissionais licenciados, muitos dos quais nunca transformaram vidas, que tentam nos enganar fazendo-nos acreditar que o medo é uma emoção positiva na vida. Eles dizem: "O medo é natural", ou "Um pouco de medo vai motivá-lo a se esforçar mais", ou "O medo molda o caráter". Mas, na maioria dos casos, as afirmações estão erradas. O medo rouba a luz da humanidade. Pode ser um instinto necessário que nos leva a fazer escolhas inteligentes para fugir da dor, do perigo ou da luta, mas devemos ter cuidado com ele. Há mais pessoas que sofrem prejuízos por causa do medo do que aqueles que se beneficiam com ele. Os que procuram fazer do medo algo positivo não são sábios, estão apenas inventando desculpas. Não são defensores da tomada de consciência. Tentar disfarçar o medo como se fosse um amigo é como forçar um lobo a ser um animal de estimação. Em breve, ele vai nos comer vivos.

Afirmar que vamos dominar o medo é o primeiro grande salto em direção à liberdade. A vitalidade, o crescimento e o destino exigem que sejamos capazes de derrotar o medo. Como há muita coisa em jogo, vamos entender melhor o que de fato é o medo.

O medo é o "motivo humano" da *aversão*. O medo não nos ajuda a nos comprometer com objetivos mais elevados. Não nos ajuda a imaginar a grandeza. Seu único objetivo é a libertação imediata de ameaças, tensões ou dores. Com frequência, torna-se uma ferramenta absolutamente indispensável para controlar qualquer situação, de forma que o corpo — mas, na maioria das vezes, o ego — sinta-se seguro e livre de ameaças.

Ele surgiu como um motivo para evitarmos danos físicos e morte. É isso. *Fomos nós que o desvirtuamos, fazendo dele uma ferramenta para a proteção do ego.* Quase todo o medo que sentimos hoje não tem *nada* a ver com ameaças físicas. Pegamos esse impulso por segurança e o transformamos em um desejo movido pelo ego de nos sentirmos mais confortáveis no âmbito emocional. Transformamos sua natureza de curto prazo em uma ferramenta de longo prazo para evitar situações difíceis, a fim de saciar nosso desejo básico de aprovação. O medo se tornou um suporte para a debilidade emocional. E, como acontece com todos os suportes, nos tornaremos escravos deles se não voltarmos a exercitar a força.

A maioria das pessoas não gosta de falar sobre medo porque isso inevitavelmente expõe a terrível verdade de que, com maior frequência, estamos fugindo de nós mesmos e não de perigos reais. As preocupações modernas às quais sucumbimos são simplesmente subprodutos do nosso uso indevido desse instinto primitivo. Quase todo o medo que experimentamos hoje, e o pensamento e o comportamento covardes resultantes disso, é apenas *drama social* imaginado, criado por impulsos e condicionamentos mentais *desregulados*. Temos medo de sermos rejeitados, excluídos ou abandonados — e não de sermos comidos vivos. E esses tipos de medos sociais podem ser superados pela prática voluntária.

Quando alguém diz: "Tenho medo de falar em público", não significa que esteja preocupado que alguém na plateia possa atacá-lo fisicamente. Em vez disso, significa que essa pessoa tem medo do fracasso. O problema não é uma questão efetiva de segurança, mas de *desconforto emocional*. Se estivesse falando com mais precisão, diria: "Tenho medo de como vou me sentir emocionalmente e de se vou corresponder às expectativas que tenho com relação a mim e àqueles que me colocaram no palco. Tenho medo da minha imagem. Tenho medo de não me sair bem. Tenho medo de perder o fio da meada ou de esquecer as falas; tenho medo de não ser respeitado". Observe a estrutura desses comentários. Não é "o medo me domina"; é "eu tenho medo". O "eu" está à frente do caminho — o ego está no comando.

É claro que todos temos questões com a forma individual de expressão e queremos fazer o nosso melhor. Adoraríamos ter o poder de sermos nós mesmos no palco do mundo o tempo todo. O grande desafio é que, em uma mente incondicionada, o medo é mais alto, mais intenso e mais imediato do que o nosso desejo de domínio próprio ou de contribuição a outros. O medo rouba o lampejo do impulso mais nobre de assumir nossa melhor versão do eu e fazer a maior diferença possível. Estamos mais atentos ao som dos cães latindo do que dos anjos cantando. O que podemos fazer a respeito disso?

O PREÇO DO MEDO

Para domar o medo, primeiro temos de identificar seus terríveis efeitos em nossa vida. O que acontece quando somos motivados pelo medo? Perdemos nosso centro emocional e nossa essência mental. As ideias ficam confusas e repletas de ansiedade. O pensamento consciente, a inteligência e o comportamento se limitam todos à autopreservação, limitando a capacidade de sermos abertos e fortes. A tendência natural para a autoexpressão genuína é interrompida, e a capacidade de agir para concretizar nossos sonhos fica paralisada. Quando *permitimos* que o medo seja uma constante em nossa vida, as ambições e os comportamentos se tornam pequenos e limitados. Ficamos tímidos e estressados. Nós nos retiramos. Agimos com covardia. A energia da vida entra em entropia — todas as coisas presas na jaula do medo se asfixiam e logo morrem.

Não se trata de um debate filosófico. Surgem prejuízos reais e tangíveis ao permitirmos que o medo neutralize o impulso para a liberdade pessoal. Há pessoas que se tornam tão escravas do medo a ponto de se sentirem constantemente impotentes, inferiores, prontas para desistir. Permitem que outros lhes causem mal porque não se defendem. Silenciosamente optam pelo mais seguro, sem jamais se expor ao mundo. São o assustado que herdou a terra, mas que nunca foi até lá para reivindicá-la; o taciturno que testemunha atrocidades sem uma palavra de contestação. Pessoas boazinhas que ficam à margem da história e que nunca deixam sua marca. Há os que perdem seus negócios porque o medo as impede de mudar e inovar. Casamentos terminam em divórcio porque um ou ambos os cônjuges têm medo demais de se abrir, de se comunicar, de ser vulnerável, sexy ou honesto.

No nível social, todas as piores atrocidades da humanidade decorrem do medo. Aqueles motivados pelo medo se tornam aterrorizados, desconfiados, e muitas vezes são odiados pelos outros. Seu medo dá origem a uma postura arrogante de autopreservação a ponto de desejarem exercer poder sobre os outros. Seu ego se sente tão ferozmente ameaçado pela ascensão de pessoas diferentes de si que se tornam intolerantes e tiranos, e, por vezes, assassinos em massa, cujo medo desenfreado se transforma em um perigoso caldo de ações indescritíveis contra a humanidade. São estes os Calígulas, Mussolinis e Bin Ladens do mundo, os que odeiam os outros porque temem aqueles que se interpõem no seu caminho rumo ao poder. São estes os Robespierres, os Eichmanns, os Sungs e os Khomeinis; os Hitlers, Stalins e Amins. É sempre a mesma história: pessoas com poder que são tão atormentadas pela insegurança que, em vez de direcionar sua força para o crescimento coletivo, sentem conforto e prazer em derrubar os que são diferentes deles, aqueles a quem não entendem ou não valorizam.

É preciso que fique bem claro que, seja na vida cotidiana ou no palco do mundo, o medo é o grande usurpador do progresso e da Liberdade Pessoal. É um fato triste, mas real, que a história esteja repleta de bons homens e boas mulheres que simplesmente *deixaram* o medo conduzir sua vida. Nada os ensinou a realinhar a mente, ou talvez nunca tenham optado por se esforçar para condicionar os pensamentos a dominar o medo, a escolher a consciência em vez da alternativa mais fácil que é fugir da vida.

AVERSÃO VERSUS ASCENSÃO

O medo só nos governa se assim permitirmos. Em quase todos os casos, é algo que podemos optar por ativar ou não. Podemos escolher correr ou não correr, mesmo que o impulso de correr grite a plenos pulmões. De que outra forma o bombeiro enfrenta as chamas para salvar pessoas? Como o capitão de um navio entrega os botes salva-vidas aos outros? Como os ansiosos conseguem compartilhar sua voz com o mundo? Talvez não tenhamos a *sensação* de que podemos optar por sermos mais corajosos do que medrosos, mas o fato é que todos podemos nos tornar mestres dos nossos impulsos.

Um alto grau de maturidade se descortina na psique humana quando entendemos que podemos controlar os impulsos ao condicionar pensamentos, e que somos os únicos responsáveis pelas nossas emoções e reações na vida.

É difícil de aceitar, mas não é menos verdadeiro: se o medo está vencendo na nossa vida, é porque simplesmente continuamos a escolhê-lo em vez dos outros impulsos para sermos fortes, ousados ou grandes. Esta é a história da mãe que fica em casa, mas quer voltar a trabalhar, e não procura emprego porque deixa o medo do seu próprio valor impedi-la. É o funcionário que deseja pedir um merecido aumento, mas tem medo de ouvir um "não". É o jovem que se sente inspirado a fazer teste para um musical, mas que se preocupa com o que os amigos vão pensar dele. É o obeso que tem vergonha de entrar na academia, mesmo sabendo que sua saúde e sua própria existência estão em jogo.

A maioria dos adultos percebe quando opta por deixar o medo vencer em determinada situação. Pergunte a uma pessoa honesta: "Sabia que estava agindo por medo da última vez em que parou de se agir como você mesmo, ou de se dedicar para conseguir algo que queria, e sabia que tinha *outra escolha* àquela altura?". A pessoa honesta vai responder: "Sabia. Eu sabia que tinha uma oportunidade de me expressar ou de ser mais corajoso. Mas tive medo. Não queria ser julgado nem magoado, então escolhi o caminho mais fácil".

Deixemos evidente, mais uma vez, que se não somos livres, se não expressamos genuinamente a nossa personalidade plena e corremos atrás dos nossos verdadeiros desejos, é porque escolhemos agir a partir da aversão em vez da ascensão. Dessa forma, as maiores batalhas na vida ocorrem entre o desejo de liberdade e os impulsos terríveis que corroem o desejo. A dicotomia não poderia ser mais explícita — *a cada momento, estamos agindo ou a partir de um estado de espírito movido pelo medo ou pela liberdade.* E há muita coisa em jogo: todo o avanço na maturidade e no crescimento como indivíduos e sociedades depende da motivação. Vencerá o medo ou a liberdade. Permite que essa frase ecoe com toda a sua verdade em nossas mentes enquanto damos forma à vida que queremos:

Vencerá o Medo ou a Liberdade.

E, então, que cada um de nós se pergunte: "Minha vida será pautada na aversão ou na ascensão?". A primeira é uma vida motivada pelo medo, uma vida apequenada que foge dos desafios rumo à segurança de curto prazo, a autopreservação e a tranquilidade egoísta. A outra é uma vida motivada pela liberdade, uma razão para agir a partir da nossa verdadeira humanidade rumo ao crescimento de longo prazo, à expressão autêntica do eu e ao esforço consciente. Uma é o condicionamento dos indivíduos fracos, confinados, conformados e sofredores; a outra, o condicionamento dos indivíduos fortes, espontâneos, independentes e realizados. Uma nos encontra como um impulso débil e na maioria das vezes patético; a outra exige plena consciência e devoção mental à coragem e ao domínio próprio.

A CONDIÇÃO SOCIAL DO MEDO

Por que algumas pessoas são mais motivadas pelo medo do que pela liberdade?

Só pode ser porque, no passado, foram condicionadas a ter medo, seja por aqueles à sua volta, seja pela má aplicação das faculdades mentais. Não existe qualquer maldição genética ou traço de personalidade que condene eternamente uma pessoa a sentir mais medo do que outra — até mesmo uma predisposição genética para a ansiedade pode, em última instância, ser ativada ou desativada por meio do condicionamento mental. *Não somos escravos da nossa história; podemos nos libertar por meio de pensamentos conscientes e hábitos disciplinados.*

Comecemos por entender como o medo é condicionado no meio social. Pessoas com medo têm grandes chances de terem sido "podadas" em interações passadas. Foram pressionadas e moldadas para serem tímidas, fracas e medrosas por pais críticos, colegas que praticavam bullying ou professores e chefes de visão limitada. Todos à sua volta estavam sempre as alertando ou prejudicando, e, assim, habituaram-se ao impulso do medo

— que surgia com tanta frequência que elas se acostumaram. De um passado terrível, geraram um presente movido pelo medo.

Mas não é para culparmos o passado ou justificarmos medos. Quando pessoas adultas optam pelo medo, optam por não administrá-lo ou superá-lo. Trata-se de uma tarefa difícil para muitos, porque o medo se tornou seu impulso-padrão. Os pensamentos que orientam a cabeça e o diálogo interno deles reproduzem a acidez dos críticos e dos cuidadores equivocados que outrora os humilhavam. A boa notícia é que podemos mudar esse condicionamento. Quando despertamos para a responsabilidade, percebemos que nada pode ser feito com relação ao passado, a não ser enxergá-lo a partir de uma nova perspectiva. Podemos nos libertar de suas garras. Não temos como controlar a forma como os outros nos trataram lá atrás, portanto, em vez disso, vamos trabalhar na compreensão de como lidamos agora com aqueles que hoje alimentam o nosso medo. Os maiores esforços para fazer avançar a nossa vida se resumem sempre a um novo momento em que desativamos o medo e ativamos a liberdade ao escolher como sentir, interpretar e comandar a vida.

Parte do domínio da vida advém de presumir que os mesmos tipos de personagens que procuraram incutir medo ontem serão reencontrados hoje ou amanhã. Cientes disso, ficamos precavidos com as pessoas que comprometem a nossa liberdade: os preocupados, os permissivos e, em casos raros, os perversos.

OS PREOCUPADOS

Os *preocupados* que nos rodeiam representam, muitas vezes, a maior ameaça à exacerbação dos nossos medos. Eles têm maior probabilidade de roubar nossa motivação e o nosso propósito porque, muitas vezes, parecem ser nossos amigos.

Ficamos tão próximos deles que sua ansiedade pode nos afetar. Devemos aprender a controlar nossas reações quando estamos perto deles.

A maioria dos preocupados não é composta de pessoas más. Elas não têm ideia do medo que impõem à nossa vida nem da forma como suas incessantes manifestações de dúvida oprimem o nosso potencial. Não percebem que representa uma traição o argumento delas para optarmos pelo mais seguro. É a mãe amorosa que diz "cuidado, querido" a todo momento enquanto seu filho pratica as atividades normais da infância; o colega de trabalho que apresenta dez razões pelas quais podemos enfrentar problemas, e nem uma única palavra sobre como podemos mudar o mundo; o namorado que teme incessantemente que os dois, enquanto casal, fracassem, e implora sem parar para recuar de uma briga ou da beirada de qualquer tipo de risco.

Essas pessoas acreditam que são atenciosas, amorosas e protetoras. Suas recomendações de cuidado são em geral proferidas de um lugar de amor. Querem o nosso bem. Sentem que têm o dever de nos proteger da dor e, por isso, tentam nos direcionar para os mesmos caminhos de sempre que já conhecem. São nossos pais, amigos, colegas, namorados, vizinhos e líderes.

É uma realidade social estranha: *precisamos nos proteger da limitação provocada por aqueles que cuidam de nós, tanto quanto por aqueles que se opõem abertamente a nós.*

O que podemos fazer? Temos de aprender a ouvir expressões de dúvida, preocupação e ansiedade com bastante atenção, e não devemos incorporar os medos alheios à nossa própria tomada de decisão. Desenvolver esse tipo de atenção é fácil para a pessoa consciente, uma vez que quase todos os preocupados usam a mesma linguagem e os mesmos argumentos — dão preferência à *razão cautelosa* como o seu escudo para nos "proteger". Seus tons e suas frases preferidos soam todos iguais:

"Cuidado; você pode se machucar."

"Cuidado; você não sabe o que pode acontecer."

"Cuidado; eles podem demiti-lo, esquecê-lo, rejeitá-lo, odiá-lo, desdenhar de você, desprezá-lo, ridicularizá-lo."

"Tem certeza que quer fazer isso?"

"Você não ia gostar disso."

"Você não é essa pessoa."

"Você não pode fazer isso."

"Você não leva jeito pra isso."

Já não ouvimos tudo isso antes? Com certeza todos nós conhecemos alguém adepto da elaboração de argumentos eloquentes sobre por que não devemos ser muito expressivos, muito loucos, muito empenhados em correr atrás das nossas paixões ou dar saltos demais em direção ao desconhecido. Estas são as pessoas calmas e convincentes em nossa vida — aquelas que apresentam explicações claras sobre como podemos terminar magoados, envergonhados ou exaustos se corrermos riscos ou tentarmos ser diferentes, criativos, vivos, ousados.

Essas pessoas nitidamente não são insensíveis. Acreditam que estão cumprindo o dever delas. Soam maternais e criteriosas, atuando com muito cuidado para nos proteger. Mas precisamos estar atentos ao sabotador de sonhos disfarçado de amigo bem-intencionado. Quantas almas não foram impedidas de voar por terem sido sufocadas pela preocupação de um ente querido?

Se não estivermos vigilantes, estar rodeado de preocupações o tempo todo pode logo limitar quem somos e o que seremos capazes de fazer. O que pode ser feito, então, diante de parentes e amigos atenciosos que involuntariamente podam a nossa visão ou os nossos esforços?

Devemos ser generosos nas interpretações de suas preocupações, dado que muito provavelmente essas pessoas não têm consciência do efeito insidioso delas, que consiste em nos ensinar a avaliar primeiro o risco ou o prejuízo antes de qualquer outra coisa. Não devemos nutrir ressentimentos com relação aos preocupados; eles merecem paciência e compreensão, porque podem estar presos a uma mentalidade que privilegia a aversão em detrimento da ascensão. Que sejam governados pelo medo, se é disso que precisam, mas não se junte a eles.

Tudo o que podemos fazer é ouvir atentamente aqueles em quem *confiamos*, e sermos moderamos em nossas avaliações de quaisquer perigos reais. Mas, para aqueles que não conhecemos, e que não *nos* conhecem, para aqueles que querem que permaneçamos na mesma bolha de crenças deles sobre quem somos e até onde podemos ir na vida, devemos fechar as nossas mentes. Devemos perdoar sua mentalidade limitada e olhar além, para enxergar um horizonte mais vasto para nós. *Não devemos nos preocupar com o que pode dar errado, e sim nos perguntar que tipo de grandeza poderia entrar em nossa vida se expressarmos de forma consistente nosso autêntico eu e corrermos atrás das nossas verdadeiras paixões.*

Sejamos obcecados pela liberdade, não pelo medo.

Portanto, deve-se traçar uma importante linha: *não pode haver tolerância para com os preocupados na vida.* Todos os grandes homens e mulheres chegam à mesma conclusão determinada. Não importa quão generoso seja o portador dessas mensagens, não podemos dar demasiada atenção àqueles que repetidas vezes nos incutem medo. Isso nos desmotiva e desmoraliza.

Quando os sonhos se tornam vívidos e nos entusiasmam, devemos nos aventurar neles, com ou sem parentes e amigos preocupados, mesmo que isso signifique algum grau de mágoa e sacrifício. Permitir que as ansiedades alheias minem o nosso impulso é sucumbir à opressão.

OS PERMISSIVOS

A próxima categoria de pessoas contra as quais devemos nos precaver são os permissivos e preguiçosos, aqueles que se manifestam contra os esforços e as dificuldades necessárias para se destacarem.

Seria muito simples dizer: "Não dê ouvidos a uma pessoa preguiçosa, pois ela com certeza vai encher sua alma de medo e apatia". Mas não deixa de ser um mantra poderoso. Optar por *não* dar ouvidos aos permissivos exige um verdadeiro poder pessoal, principalmente daqueles de nós que são bons ouvintes e amigos empáticos, pois queremos respeitar as opiniões e realidades alheias. Devemos ter discernimento com relação àqueles que conhecemos bem e a quem permitimos a aproximação; é possível ouvir com amor e, ao mesmo tempo, ter cuidado com a energia que absorvemos.

Com relação a desconhecidos, faz sentido ser cauteloso: é fácil ser seduzido pelos *bons vivants* e por aqueles que prometem tardes ociosas de comida, bebida, fofoca ou *reality shows* de qualidade duvidosa. Podemos ser enganados pelo seu ritmo lento, confundindo a falta de ambição deles com serenidade. Mas pessoas desse tipo podem ser mais apáticas do que relaxadas. Devemos tomar cuidado, pois podem nos fazer temer aquilo que faz a vida andar: o *esforço*.

"Pega leve", dizem eles. "Por que trabalhar tanto? Nada do que você fizer vai durar, significar alguma coisa, nem fazer diferença mesmo."

É como se, em nossa jornada ambiciosa, essas pessoas acenassem para nós com um sorriso, mas sussurrassem para os outros que o nosso trabalho é perda de tempo. Funcionam como vigias, nos alertando com entusiasmo contra as batalhas vindouras. Contudo, quanto mais nos aproximamos destes preguiçosos, mais os ouvimos fazer piadas pelas nossas costas, desmerecer nossos esforços, criticar nossos camaradas de luta. Cuidado com o idiota barulhento da aldeia que tem prazer em dar soquinhos à distância para provocar os lutadores que passam, na esperança de incutir o medo da indignidade.

Quem são esses preguiçosos? São os amantes da facilidade a quem é raro experimentar a satisfação de um dia de trabalho duro. São as almas sem rumo que não seguem um caminho concreto, propósito ou desejo superior que lhes exija o seu melhor. Talvez nunca tenham encontrado coragem para abandonar a complacência. São os cínicos simplistas que agregaram pouco valor real ao mundo. São os escapistas, aqueles que fogem ao primeiro sinal de desafio. Desprezam a existência dos que são mais ousados do que eles. São fatalistas que acreditam que a estrela da humanidade não está subindo, e sim afundando. São os resignados, o grupinho de infelizes que há muito tempo renunciou ao próprio potencial a fim de se absterem da responsabilidade de experimentar uma vida memorável.

Não devemos confundir esses permissivos com amigos. Pessoas assim não vão inspirar nada além de fraqueza, e seus convites para uma vida tranquila são iscas para uma vida de indolência. A facilidade deles não é a que procuramos. Para que serve uma vida sem luta? O que vamos aprender com isso? De que outra forma é possível crescer? Que domínio podemos ter sem verdadeiro esforço, verdadeiro suor, verdadeiro trabalho, verdadeiro impulso?

Sim, devemos ser cuidadosos ao lidar com os apáticos e sem ambição, aqueles que são demasiado fracos para lutar, tentar ou perseverar. São pessoas que jogaram fora a sua liberdade. Não têm a determinação de correr atrás da melhor versão de si mesmos nem de qualquer propósito significativo. E, portanto, não são exemplos para nós.

É uma grande ironia que os humanos muitas vezes optem por seguir os mais permissivos — os cínicos e os ogros. Mas não devemos desperdiçar nosso tempo com tais pessoas grosseiras. Temos de compreender que o degrau mais baixo da humanidade é povoado pelos críticos de sofá, pelos conselheiros apáticos que, de uma posição descompromissada de segurança, acreditam que cada capricho que passa por suas mentes tacanhas e cada um de seus argumentos estúpidos devem ter o mesmo peso que a sabedoria arduamente conquistada daqueles que estão de fato na luta, cujas mentes foram lapidadas pela experiência do mundo real, e cujas lendas são forjadas pela ação. Devemos lembrar que a maioria dos cínicos e tiranos críticos que tentam nos oprimir são pessoas diminutas e frustradas descontando sua própria apatia e seu fracasso ao nos tachar de narcisistas ou fraudes. Tentam nos reduzir para que eles mesmos não se sintam tão pequenos. São estes os que se escondem atrás de um computador ou de uma posição de poder e manifestam suas opiniões desinformadas sobre nós para que se sintam melhor consigo mesmos. Caso sejam questionados sobre as próprias contribuições, em geral ficam em silêncio ou atacam com argumentos incoerentes e sem sentido. Seu destino é triste, um cuja única sensação de sucesso é apontar os nossos fracassos; para subir, precisam nos rebaixar. Seus ataques são uma demonstração deprimente de que nada é mais fácil para mentes pequenas do que diminuir as grandes. Para quem mora na Ignorância, todos os forasteiros são suspeitos.

Cuidado com aqueles apáticos demais para lutar por coisas importantes, pois acabam por incutir indiferença, desviando muitas pessoas independentes de suas trajetórias de grandeza. Portanto, sigamos em nosso caminho. Escolhamos a vida árdua, tendo orgulho e honra das nossas lutas e contribuições. Não devemos temer a exaustão e as ansiedades que os sonhos magníficos e o trabalho duro e incessante podem trazer. Nossos corações devem se manter alegres mesmo ao passo que nos esforçamos, pois o nosso esforço nos leva àquilo que consideramos significativo. Deixemos para trás, humildemente, os que ficam apenas olhando e os sem rumo, os chatos e os reclamões. Pessoas assim não têm nada a oferecer além de distração e comentários inúteis.

Façamos nossa causa ser maior do que o conforto, nossa vocação ser maior do que a mediocridade. Temos deveres a cumprir, iniciativas a começar, batalhas a lutar, vitórias reais a celebrar. E, assim, avançamos com força e ânimo.

OS PERVERSOS

Ao nos precavermos contra os de vontade fraca, devemos também estar cientes de que, entrelaçados na tapeçaria da bondade humana, constam indivíduos "desfiados" mesquinhos, sedentos de poder e enganadores. Não temos como evitar o encontro com pessoas cruéis na vida — quanto mais nos atacam, mais nos expomos, mais procuramos liderar, mais expressamos nossos desejos e nosso pleno potencial, mais motivados estaremos para mudar o mundo. Quanto mais nos destacamos, mais eles vêm atrás de nós.

Isso não é nenhum tipo de paranoia. O fato de existirem pessoas más no mundo não é algo a se temer; é simplesmente algo a que devemos estar atentos, a fim de nos prepararmos. Os empresários não devem ficar chocados com o fato de a concorrência tentar destruí-los. Nenhuma surpresa deve passar pelo rosto de uma nova executiva quando encontra resistência em sua primeira reunião pelo simples fato de ser mulher. Quando um desconhecido mente para prejudicar a nossa reputação, devemos saber que isso é algo corriqueiro, e que acontece conosco apenas porque tentamos realizar feitos importantes no mundo. Se estivermos conscientes da existência de pessoas grosseiras, ignorantes e cruéis, então poderemos controlar a reação quando elas emergirem da escuridão e tentarem roubar a nossa luz.

Uma sociedade tão contaminada pela facilidade e pelo conformismo sempre estremece com a chegada daqueles que buscam a Liberdade Pessoal com ousadia. À medida que expressamos o nosso verdadeiro eu e avançamos em direção aos nossos sonhos, vamos encontrar uma resistência insondável e interminável. Aqueles que encaram o jogo da vida como um de soma zero — que acreditam que não terão sucesso se outras pessoas também o tiverem — podem lançar dardos e flechas de inveja. Ou podem tentar, com palavras doces e dúbias, nos trazer de volta à jaula. Quem está no mesmo patamar pode nos apunhalar com dúvidas sobre o nosso preparo ou nos alertar que o mundo é um lugar hostil demais. E aqueles à nossa frente, com medo de perder o seu lugar, podem lançar acusações perversas e erguer muros para nos manter afastados. Devemos nos preparar e ter cuidado com o efeito de tiranos assim ao nos fazer sentir medo na vida.

Devemos ser especialmente vigilantes quanto às nossas reações às pessoas desdenhosas e tacanhas, que lutam pelo poder aberto e opressivo sobre os outros: o bruto que se impõe sobre os outros, usando a sua presença física para intimidar, o mentiroso ganancioso no trabalho que procura nos destruir, o namorado abusivo, a fofoca cruel dos vizinhos, os *bullies* condescendentes e os vigaristas de fala mansa. Embora não devamos permitir que estes poucos comprometam a boa vontade da maioria, é sábio não negar sua existência.

Esse tipo extremo de tirano tem um ego imenso a ser defendido. Podem ser pessoas narcisistas, paranoicas e raivosas. O que têm em comum entre si é que estão constantemente atrás de quem busca o mesmo nível de sucesso que eles. Querem destruí-los. Seu objetivo é oprimir nossa vontade e nossa energia para que se sintam melhor consigo mesmos. De modo consciente ou não, enxergam o nosso avanço como ameaça ao seu poder ou como um sinal da sua fraqueza. E assim, se foram capazes de nos diminuir, poderão reduzir sua perda de status.

Vemos com frequência este tipo de tirano no comando de países em dificuldades, protegendo interesses com mão temerosa, escravizando pessoas e condenando dissidentes ao ostracismo. Nós os vemos nos corredores do sucesso comercial, oprimindo seus subordinados, lançando duras críticas ou boatos, negando progresso aos que merecem. Muitas vezes são os próprios parentes, agredindo aqueles que deles dependem. Todas as provocações, ameaças e terrores funcionam para nos fazer temer pela nossa segurança, providência ou prosperidade, de modo que nos ajustemos às exigências deles.

De todas as formas que tem de nos prejudicar, diminuir o nosso valor é a arma mais cruel do tirano. "Você é indigno, estúpido, inadequado, não qualificado", eles nos dizem. Suas palavras e ações duras procuram nos enquadrar na ideia que eles têm de quem somos e a que lugar pertencemos. E qual é o efeito disso? Começamos a temer que não somos bons o suficiente, ou não sermos capazes de vencer e, tragicamente, isso pode sem demora se tornar uma profecia autorrealizável. Podemos vir a acreditar que somos tão pequenos quanto dizem que somos, e optar por permanecer dentro dos limites patéticos nos quais eles acreditam, em vez de explorar livremente nossa própria liberdade.

Não deveríamos ficar surpresos quando outros diminuem ou resistem às nossas iniciativas. Tampouco devemos suprimir a vontade própria e deixá-los vencer. Não devemos permitir que os perversos alimentem dúvidas nas poderosas chamas do medo que consomem os nossos sonhos.

A esses tiranos, não devemos nada.

Uma pessoa verdadeiramente opressora não consegue ver além dos próprios interesses e, portanto, nenhum relacionamento com ela será alegre ou recíproco. Estão cegas pelo ego e vivem num mundo feito por elas e para elas. Não se rebaixe diante dessas pessoas. Não tente apaziguá-las. Não espere que mudem. Não se envolva com elas nem ande em sua companhia. Não deixe que despertem a sua raiva. *Jamais desça ao nível delas.* Não devemos tolerar nunca os esforços de um tirano para nos impedir. Não devemos permitir que governem o nosso potencial. Cada demonstração de submissão, deferência, mansidão e transigência por parte dos desesperados ou fracos lhes dá alegria perversa, e o poder deles aumenta. A cada vez que recuamos ou nos minimizamos, ficamos mais medrosos e mais fracos.

Portanto, sejamos diligentes em evitar essas pessoas, sem nunca nos desviarmos do nosso próprio caminho. Não devemos lhes desejar mal, não vale a pena gastar essa energia; e os perversos receberão o que merecem à medida que se destroem. Nosso sucesso não reside na destruição deles, mas no nosso próprio avanço, não no espanto em seu rosto quando passamos por eles, mas na alegria em nossos corações por termos vencido, apesar deles.

A PROJEÇÃO MENTAL DO MEDO

Embora muitas pessoas em nossa vida procurem alimentar nossas dúvidas e nossos medos, a grande maioria vai tentar nos apoiar. Mais pessoas vão tentar nos puxar para cima do que nos empurrar para baixo. As pessoas sabem que, ao nos ajudar a correr atrás dos nossos sonhos abertamente, estão implicitamente se dando permissão para correr atrás dos seus próprios sonhos também. Não importa quantas pessoas chatas e desagradáveis encontremos na vida, devemos nos lembrar de que temos amigos por toda parte, e jamais devemos hesitar em pedir sua ajuda, inspiração e sabedoria.

A dura verdade da vida é que, embora o medo seja muitas vezes motivado e condicionado no ambiente social, ele é mais frequentemente o resultado da negligência das nossas próprias mentes. Fazemos *mau uso* das nossas faculdades mentais, quase não as *utilizando*. Temos os meios para extinguir os próprios medos, mas nos falta disciplina para pô-los em prática, da mesma forma que uma pessoa que tem o extintor nas mãos enquanto a casa pega fogo, mas opta por não usá-lo porque seria necessário mirar. Quantas vezes ficamos preocupados, porém, em vez de combater esse sentimento com o pensamento consciente, deixamos que se incendeie? Quantas vezes ficamos tão obcecados com coisas negativas que elas se transformam em um grande incêndio de ansiedade? Para muitas pessoas, isso tem acontecido de forma descontrolada com tanta frequência e há tanto tempo que já não estão conscientes do fato de que *padrões de pensamento previsíveis* — que elas podem antecipar, controlar e transformar — estão lhes causando medo. Simplesmente sentem medo o tempo todo e acreditam que não há nada que possam fazer a respeito, como uma criança triste segurando um balão estourado por ela mesma.

Aprendamos agora, de uma vez por todas, a antecipar como as nossas mentes cultivam o medo. Assim como podemos esperar que os preocupados, os permissivos e os perversos nos tirem do rumo se não tomarmos cuidado, podemos nos preparar para a forma como as nossas mentes vão nos afastar da felicidade e do progresso.

A maior parte do medo que sentimos na vida é simplesmente a ansiedade decorrente da antecipação de dois tipos de dor que a mudança pode trazer: a dor associada à *perda* ou à *dificuldade*.

O primeiro tipo, a dor da perda, é um padrão de pensamento no qual nos preocupamos em perder algo que prezamos se tomarmos alguma atitude. Se temos medo de mudar de emprego é porque não queremos perder a remuneração, a amizade com determinados colegas de trabalho, o escritório privilegiado. Esse padrão de pensamento se manifesta em milhões de decisões sutis ao longo da vida das pessoas. Pensamos: "Se eu adotar uma nova dieta, tenho medo de perder a alegria que sinto ao consumir minhas comidas preferidas. Se eu parar de fumar, vou perder os vinte minutos de paz que tenho saindo de casa e dando longas tragadas, por isso tenho medo de parar. Se eu terminar com esse idiota, tenho medo de perder o amor na vida e nunca mais encontrar ninguém".

A única forma de lutar contra esse padrão de pensamento é analisá-lo de perto e depois *revertê-lo*. Assim que nos percebemos antecipando a perda, devemos questionar se aquilo é verdade ou não.

Quanto mais buscamos evidências do medo, mais percebemos que, na maioria das vezes, trata-se de suposições erradas e precipitadas de uma mente cansada ou perdida.

A pessoa limitada e mal condicionada pode esperar que as coisas piorem, enquanto uma pessoa inteligente e autoconsciente pode chegar a uma conclusão racional com base em evidências do mundo real ou em uma lógica ponderada. A pessoa que examina seu medo de fazer dieta, abandonar um hábito nocivo ou terminar um relacionamento ruim percebe que sempre há menos a perder do que a ganhar ao tomar decisões saudáveis por si mesma.

Este reenquadramento exige inteligência — e otimismo. Uma vez questionados os pressupostos que nos causam ansiedade, devemos explorar o oposto das nossas preocupações, e nos concentrar tão obsessivamente quanto possível no que pode ser *ganho* se mudarmos. E se começarmos uma nova dieta e encontrarmos novos alimentos e receitas que amamos? E se pararmos de fumar e aprendermos novas práticas que nos proporcionem ainda mais relaxamento? E se, em um novo relacionamento amoroso, finalmente encontrarmos alegria? Não há dúvida de que deveríamos visualizar esses resultados tanto quanto visualizamos cenas sombrias de perda. Sonhe e se concentre no positivo, pois ele é muito mais útil do que os longos pesadelos de negatividade.

O segundo padrão de pensamento que nos faz temer a mudança está relacionado à previsão das dificuldades. Temos medo de fazer determinadas coisas porque achamos que será muito difícil. Temos medo de não sermos capazes, merecedores ou preparados, e deixamos que essa preocupação nos trave. Mas será que este não é um uso patético do potencial mental? *Não é verdade que com tempo, esforço e dedicação suficientes podemos aprender a maior parte daquilo de que precisamos para ter sucesso?* Não é verdade que a maioria das grandes realizações foram alcançadas por pessoas que a princípio *não tinham ideia do que estavam fazendo*, que primeiro tiveram de suportar anos de luta para concretizar o seu sonho? Não nos esqueçamos de que nem sempre soubemos andar de bicicleta, usar um computador ou fazer amor, mas descobrimos como executá-los. Os seres humanos não sabiam como ir à Lua, mas decidiram que valia a pena tentar e, por isso, batalharam durante uma década para decifrar a questão. Nós, seres humanos, nos tornamos capazes do impossível. Assim é a história do indivíduo e de toda a nossa espécie.

E, ainda assim, veja como deixamos nossa mente ser pequena em tantos casos. Pensamos: "Tenho medo de fazer dieta porque não sei se vou conseguir aprender todas essas novas receitas com rapidez o suficiente ou aguentar um treino de trinta minutos. Tenho medo de parar de fumar porque vai ser difícil saber o que fazer com as mãos sem um cigarro nelas. Estou assustado demais para terminar meu relacionamento ruim porque entrar na internet para encontrar alguém novo parece um incômodo". Somos maiores do que esses pensamentos tacanhos. Em dado momento, a maturidade vai nos cutucar e perguntar: "Você não é maior do que suas preocupaçõezinhas com os incômodos? Não vale a pena lutar por uma vida melhor?".

A única forma de romper com esses padrões de pensamento é questioná-los e revertê-los. Se simplesmente pararmos um momento para contemplar, vamos perceber que aprendemos e atravessamos situações mais difíceis no passado, e podemos aprender e atravessar o que é necessário agora. *As ferramentas para gerenciar as dificuldades da vida estão dentro de nós.* Talvez possamos nos imaginar de fato gostando da luta, em vez de temê-la. Podemos pensar: "Quero muito aprender a preparar novas receitas. Quero muito ir para a academia com os meus amigos. Estou animado para parar de fumar porque posso me imaginar subindo as escadas sem perder o fôlego e tendo uma vida longa e livre do vício. Estou animado para procurar alguém que seja mais adequado para mim do que meu último relacionamento, para encontrar o amor verdadeiro, aproveitar a vida com a minha alma gêmea". Vamos despertar o nosso entusiasmo, cientes de que a jornada de aprendizado rumo à liberdade pode ser emocionante. Devemos confiar nisto: *podemos aprender e crescer, e devemos começar agora, pois o destino privilegia quem é ousado.*

Para alguns, isso soa como mero pensamento positivo. E daí? Vamos continuar pensando negativamente? Que benefício virá se concentrarmos em todas as perdas e dificuldades que podemos enfrentar na vida? Não há qualquer autoconsciência em deixar o medo reinar por causa da preguiça mental. Temos o poder pessoal de controlar os pensamentos com mais força na luta diária contra os medos. Nossos pensamentos vão nos libertar ou nos destruir. A maturidade vem com a compreensão de que avançar em direção à liberdade é uma escolha que compete apenas a nós mesmos.

LIDANDO COM O MEDO FÍSICO

Parece impossível que todos os nossos medos sejam vencidos apenas pelo ajuste de mentalidade. Mas podem, sim. Há pessoas que perguntam: "E aqueles impulsos físicos reais que parecem tão incontroláveis? Também podemos dominá-los?".

Como o domador de leões entra sem medo na jaula? Como o palestrante se apresenta diante de milhares de pessoas sem passar mal e hesitar? Como o executivo toma a decisão que a sua equipe inteira tem medo de tomar?

Prática. O domador de leões já teve medo. Mas entrou na jaula e, com o tempo, não teve mais. O palestrante subiu ao palco e, com o tempo, passou a se sentir confortável. O executivo tomou decisão após decisão, até que as grandes decisões se tornaram mais fáceis. Podemos aprender com esses exemplos e escolher enfrentar a fonte de nosso temor. *Podemos escolher a coragem de nos expor às coisas que tememos repetidas vezes, até nos tornarmos mais confortáveis e confiantes.*

Vamos despertar novamente para uma vida sem amarras, encontrando inspiração no fato de que os seres humanos, ao longo dos milhares de anos, aprenderam a superar os seus medos. Eles mudaram a forma como reagiam aos impulsos de medo. Respiraram fundo, refletiram se os medos eram racionais ou não, e visualizaram o crescimento que experimentariam se fossem adiante. Deram esses passos repetidas vezes, até descobrirem que o medo não era mais tão poderoso, ou sequer existia. Isso é chamado de domínio próprio. Vamos aprender com eles e trazer essas práticas para a nossa própria vida. Vamos escolher dominar nossa mente e demonstrar mais poder sobre nossos medos.

Como adultos maduros e ousados, podemos nos recusar a recuar diante das circunstâncias que causam ansiedade ou que são difíceis. Podemos entrar em contato com o que está sempre pulsando lá no fundo, esse impulso igualmente poderoso, essa vontade segura e sólida em direção à Liberdade Pessoal. Repetimos de modo contínuo: "Não vou deixar que os outros encham de medo o meu coração. Escolho permanecer fiel a quem sou, e para onde meus sonhos me guiam, não importam as dificuldades que eu enfrente. Vou sempre me lembrar: vencerá o Medo ou a Liberdade, e escolho a Liberdade".

3. Sobre a motivação

*Se você quer construir um barco, não organize as pessoas para
coletar madeira nem lhes atribua tarefas e afazeres,
mas ensine-as a desejar a imensidão infinita do mar.*
ANTOINE DE SAINT-EXUPÉRY

Os impulsos mais comuns da humanidade envolvem liberdade ou medo; não há outros caminhos em nossa psicologia. Uma exige envolvimento com nosso verdadeiro eu e nossas ambições, e inevitavelmente leva à independência, ao crescimento, à felicidade e à transcendência. A outra faz com que contornemos os desafios, evitando tanto quanto possível as batalhas — apesar de as batalhas serem, muitas vezes, justamente o que é necessário para o crescimento. Esse caminho conduz à fraqueza, ao conformismo e, com frequência, ao arrependimento. Por meio da busca pela Liberdade Pessoal, descobrimos o nosso destino; por meio do medo, olhamos para a morte.

As razões para explorarmos tais impulsos costumam ser chamadas de *motivação*. Podemos nos sentir motivados a seguir adiante ou a parar, a crescer ou a encolher, a nos acomodar ou correr atrás da grandeza. Aquilo que colocamos em prática na vida muitas vezes se baseia no fato de nossa lógica e nossos impulsos internos tenderem para o medo ou para a liberdade. Se não tivermos razões convincentes para agir, ou se os nossos impulsos forem de medo ou de preservação, então tendemos a permanecer onde estamos. Mas se tivermos uma lista robusta de razões para seguir em frente, e tivermos condicionado os nossos impulsos para visar a liberdade, teremos maior probabilidade de avançar de forma consistente na vida.

Com a liberdade em jogo, seria de esperar que a maioria de nós entendesse como a motivação funciona em nossa vida. Mas muitos continuam carentes dessa noção, reagindo a cada dia da vida sem razão nem potencial. Portanto, não são livres — são escravos do impulso. E é por isso que temos tantas pessoas presas na falta de objetivos, na apatia e no medo. A motivação permanece como um mistério para as massas.

No entanto, a principal virtude dos grandes é um nível notável de *motivação prolongada*. O sucesso e a realização na vida dependem da capacidade incansável de nos levantarmos, de sermos nós mesmos, de corrermos atrás dos nossos sonhos com paixão todos os dias, de continuarmos desejosos pelo próximo nível de presença, desempenho e potencial. De forma mais ampla, todo o nosso sistema de valores humanos se baseia na motivação. *Nenhum* dos grandes valores humanos que nos mantêm, a nós e à sociedade, sob controle — bondade, amor, honestidade, justiça, unidade, tolerância, respeito, responsabilidade — floresceria se não estivéssemos *motivados* para trazê-los vida. E assim, se não conseguimos dominar a motivação a nível individual, não temos como ser felizes; se não conseguimos sustentar os nossos impulsos para o bem a nível social, tudo estará perdido.

Que grandes alturas poderíamos alcançar se de fato ativássemos nossa motivação humana? Imagine como o mundo iria mudar, quase que de imediato, se os seus habitantes pudessem ativar a sua motivação sempre que quisessem, pelo tempo que quisessem. Será que mais pessoas se tornariam livres e felizes? Será que teríamos disposição para acabar com a pobreza? Construiríamos mais escolas? Poderíamos acabar com a fome, erradicar doenças, libertar aqueles que foram presos injustamente, barrar o aquecimento global e alcançar progressos notáveis em todos os cantos do globo? Será que bilhões de pessoas veriam seus sonhos se tornar realidade?

Quão diferente poderia ser a sociedade se a verdadeira motivação fosse profunda, se toda aquela apatia e falta de objetivo se dissipassem e as pessoas fossem estimuladas por uma mente consciente e um coração consistentemente empenhado? Imagine como o mundo prosperaria. Imagine a liberdade.

Trata-se de uma possibilidade alcançável, porque a motivação é incrivelmente simples de ser descoberta e acionada. Portanto, vamos começar a trilhar esse caminho ao desmistificar *por que* fazemos o que fazemos.

A MÃE DA MOTIVAÇÃO

Nosso primeiro passo é entender a raiz da motivação, o *impulso*, que significa *uma razão para agir*. É o porquê de fazermos determinada coisa. Para desenvolver um impulso para a ação, a nossa mente, com ou sem orientação consciente, filtra vários pensamentos, sentimentos e experiências e escolhe entre eles um conjunto de razões para executar ou não determinada tarefa. A clareza da nossa mente e o compromisso com essa escolha ditam o nível de motivação. Se tivermos clareza e comprometimento, vamos sentir altos níveis de motivação. Se não tivermos clareza ou não estivermos comprometidos, a motivação será baixa. Desse processo surge um axioma simples:

A mãe da motivação é a escolha.

Nossa mente *escolheu* uma razão para agir e ou se comprometeu com essa escolha ou não, e assim experimentamos um nível alto ou baixo de motivação. Nesse fato encontramos o nosso maior potencial pessoal: a capacidade de assumir o controle de impulsos e direcionar a mente para as escolhas e os compromissos que são úteis para nós.

Em termos simples, podemos escolher nosso objetivo e as razões para esse objetivo, e um foco contínuo no objetivo despertará um desejo de ação, que experimentamos como energia — um poder motivador interior.

Uma marca registrada daqueles que alcançam a grandeza é a descoberta de que podem controlar o nível de motivação que sentem, direcionando melhor a própria mente.

Isso também se aplica a outras revoluções emocionais. A iluminação ocorre quando percebemos que a felicidade é uma escolha, a tristeza é uma escolha, a raiva é uma escolha, o amor é uma escolha. Cada estado, emoção e humor disponíveis ao ser humano pode ser gerado à vontade em nossa mente. Esta constatação é um dos marcos mais óbvios no caminho da adolescência à idade adulta, da imaturidade à maturidade, do terror na vida à transcendência.

Isto não significa que *todas* as pessoas podem ou vão escolher seus pensamentos ou suas emoções. Uma pequena porcentagem do público não possui as faculdades de uma mente saudável; o humor clínico e os transtornos mentais podem impedir as pessoas de direcionar conscientemente os próprios pensamentos e sentimentos de maneira consistente. Terapia e medicamentos podem ajudar nesses casos, e devem ser buscados. Não devemos ignorar os desafios enfrentados por aqueles com doenças reais e problemas biológicos que impedem o seu progresso na vida.

Embora grande parte da população não sofra de tais distúrbios clínicos, ela pode apresentar carência de autoconsciência, bem como maus hábitos mentais. *A maioria das pessoas simplesmente ainda não escolheu priorizar o domínio próprio ou trabalhar para alcançá-lo.* Elas não precisam de remédios; precisam de desejo e disciplina. Não precisam de receita médica; precisam de uma nova filosofia de vida. Mesmo nos casos em que uma pessoa necessita de medicação e terapia a longo prazo, seu tratamento incluirá quase sempre esforços para ajudá-la a optar por pensamentos e atitudes que melhor contribuam para o seu bem-estar. Mesmo em casos de doenças mentais ou lesões cerebrais traumáticas, todos os caminhos de recuperação levam a uma melhor compreensão e direcionamento da própria mente. Se nos tornarmos cínicos e chegarmos à conclusão de que é difícil demais para nós ou para qualquer pessoa o ato de controlar a própria mente, então estaremos fadados a ficar para sempre à deriva em um mar de impulsos e deixas sociais, em uma vida de reação e distração em vez de planejamento consciente.

As longas evoluções da filosofia, da psicologia e da neurociência compartilham um tema comum de desbloquear o potencial humano por meio do aproveitamento da *razão* e de todo o potencial da mente. A razão é o segredo para desenvolver uma identidade motivada e independente. Penso, *logo existo e faço*. Pessoas motivadas aproveitam essa verdade. Os grandes artistas, líderes e inovadores usam toda a força de suas faculdades mentais para se tornarem a melhor versão de si mesmos e concretizarem o seu bem mais elevado. Eles expressam quem são de verdade e correm atrás de objetivos que consideram significativos. Contemplam estrategicamente seus rumos e valores; avaliam o que lhes dará a maior sensação de vitalidade e realização em cada decisão importante. Da abundante variedade que a vida oferece, selecionam apenas as trajetórias que se adequam à sua natureza e à sua intenção de serem livres e de servir. Estão decididos a evocar seus melhores traços de caráter e a lutar contra seus impulsos mais vis rumo à submissão. Aos olhos das massas estúpidas, eles parecem sortudos, os escolhidos. Na verdade, eles decidiram *escolher*.

Pessoas motivadas não têm sorte. Elas são *conscientes*. Optam por usar a mente de forma mais intencional, a fim de obter energia e elevar sua vida. E, por isso, tendem a acumular mais conquistas e a ganhar mais respeito. A mulher consciente, que é responsável pela própria mente e por suas emoções, tem um poder extraordinário e é altamente respeitada. Mas o homem que não está no comando de sua própria mente está perdido em um turbilhão de pensamentos e impulsos imprevisíveis e, muitas vezes, indesejados. É visto como imaturo ou não confiável, e, à medida que o vácuo do seu inconsciente se enche de medo, inevitavelmente se afoga em dúvidas ou é acometido pelo desespero social.

Quando entendemos que os pensamentos e as emoções podem ser escolhidos, finalmente percebemos que erramos ao dizer: "Não estou feliz" ou "Estou triste e não há nada que eu possa fazer a respeito". Como temos alguma escolha sobre como nos sentimos a qualquer momento, afirmações mais precisas seriam "Não estou usando minha mente neste momento para gerar um sentimento de felicidade", ou "Tenho optado por me concentrar em coisas tristes há algum tempo e isso criou esse sentimento de tristeza", ou "Estou deixando que meus impulsos inconscientes me guiem, em vez de usar minha consciência para me sentir positivo e projetar minha realidade ideal".

Ninguém se "sente motivado" de repente, assim como não se sente feliz de repente e sem motivo. A felicidade é resultado do pensamento, não do impulso. É o raciocínio da nossa mente que o que vivenciamos no momento (ou na vida em geral) é prazeroso, positivo e desejado. Uma sensação duradoura de felicidade é uma euforia intelectual prolongada que vem da memória e da escolha positivas, e não de um prazer físico temporário.

Assim, os adultos maduros percebem que a motivação não é um acaso, *tampouco um sentimento*, mas um compromisso consciente com um impulso, uma escolha com relação a algo, *uma razão profundamente arraigada para agir*. É uma energia que resulta do pensamento. Nós nos sentimos motivados porque escolhemos, não porque o sol brilhou na nossa janela.

Portanto, se quisermos mais motivação na vida, devemos fazer escolhas mais deliberadas e nos comprometer mais profundamente com elas.

Será que é tão simples assim? Basta fazermos escolhas deliberadas e nos comprometer profundamente para que elas se concretizem e nos sintamos motivados? Sim, até certo ponto. Mas o domínio vem da compreensão das nuances desse esforço. Existe um processo que podemos adotar para ativar e amplificar a motivação de forma mais consciente. Assumir o comando desse processo nos dá a capacidade intelectual e emocional de reunir motivação em qualquer grau que desejarmos, por qualquer duração e a qualquer momento que escolhermos.

INSTIGANDO A MOTIVAÇÃO

Psicologicamente, a motivação é instigada pela energia criada pela *ambição* e pela *expectativa*. Ambição é a *escolha* de ser, ter, fazer ou experimentar algo maior na vida. Assim que queremos algo maior para nós mesmos, a motivação é instigada. Queremos um emprego melhor? Uma casa melhor? Um casamento melhor? Um corpo melhor? Uma vida melhor? A partir destes desejos nossas energias são despertadas; quanto maior o desejo, maior o sentimento inicial de motivação que vamos experimentar.

Portanto, devemos olhar para dentro e nos perguntar: "O que eu quero para mim? Qual novo objetivo seria significativo? O que me proporcionaria ânimo ao aprender ou oferecer? Com que grande nova aventura eu sonho? Que grande empreendimento ou prestação de serviço me trará satisfação e me fará levantar da cama todas as manhãs?". Essas questões são o segredo para alimentar a ambição e, portanto, a motivação.

É simples:

Ao contemplar profundamente objetivos mais elevados, nos damos combustível para correr atrás deles.

E tem mais. Muitas pessoas querem algo melhor para si — a sua ambição *está* viva, e bem —, mas ainda não se sentem motivadas. Por quê? Porque apesar da esperança de algo mais, não acreditam que *aquilo possa acontecer*, ou que *elas* sejam capazes de fazer aquilo acontecer. Carecem de *expectativa* — a escolha por acreditar que os seus sonhos são possíveis e que podem ser alcançados. Imagine a aspirante a atriz que nunca faz testes — ela *quer* ser atriz, mas não acredita em sua capacidade de concretizar o desejo. Ou o aspirante a empreendedor que deseja começar um negócio, mas nunca deixa o seu emprego porque não acredita que será capaz de pôr o plano em prática. Essas pessoas aprendem uma dura verdade de vida: o desejo sem crença em si mesmo é, em última instância, uma decepção.

Muitas vezes, quando falta motivação, não *esperamos* de fato alcançar nosso objetivo. E, se não acreditamos, sabemos que não podemos alcançá-lo, por isso nem tentamos. Assim, *a expectativa é o grande diferencial entre a mera esperança e a motivação.* Quando estamos esperançosos, mas desmotivados, precisamos adicionar um pouco mais de fé à mistura, dizer a nós mesmos: "Acredito que isso vai acontecer, acima de tudo, porque tenho fé em mim mesmo para aprender e crescer e, dia após dia, concretizar coisas. Com o tempo, vou realizar meus sonhos porque confio na minha capacidade de aprender, de trabalhar, de pedir ajuda, de perseverar". Com essas expectativas, nossa mente começa a formar as crenças e as atitudes necessárias para concretizar nossas ambições.

Portanto, devemos concentrar a mente em ver nossos sonhos se tornando realidade, e em nos ver à frente disso. Vamos tirar um tempo hoje à noite e pensar no que mais traria alegria e realização à nossa vida. Vamos anotar e sonhar com isso. Imagine a si mesmo fazendo grandes coisas com ousadia, paixão e comprometimento. Isso é visualização e internalização — um processo de tecer a expectativa bem fundo em nossa psique e na estrutura do nosso ser. É o processo para instigar nossa própria motivação.

Pense em um indivíduo que gostaria de competir em um triatlo. Para ter sucesso, ele sabe que não pode dizer para si mesmo: "Espero um dia estar em boa forma para talvez fazer um triatlo". Em vez disso, ele busca clareza quanto ao porquê de ter essa ambição e diz a si mesmo que vai dar o melhor de si e prosperar; imagina-se na água, na bicicleta, correndo, cruzando a linha de chegada. Invoca sua motivação e faz a escolha de começar, de treinar, de ter sucesso — porque acredita que *deve* e acredita que *pode*.

Assim, àqueles que dizem "eu gostaria de estar mais motivado", respondemos: "Não espere pela motivação; escolha uma ambição pela qual se motivar. Concentre-se em um sonho, acredite que ele verá a luz do dia, e logo uma grande onda de entusiasmo tomará conta de você".

SUSTENTANDO A MOTIVAÇÃO

Ambição e expectativa são apenas o começo do processo. Elas são a *centelha* da motivação. Infelizmente, muitas pessoas nunca chegam a atiçar as chamas da motivação por meio do foco em seus sonhos. O triatleta deve fazer mais do que simplesmente acreditar no seu sonho de vez em quando. Ele precisa fazer continuamente escolhas que *sustentem* o desejo. Precisa agendar os treinos. Precisar contratar um treinador. Precisa correr, suar e lutar pelo crescimento. E deve fazer isso repetidamente.

As escolhas que sustentam a motivação são, portanto, *atenção* e *esforço*.

A motivação parece inconstante apenas para aqueles que têm estado desatentos às próprias ambições. Uma mente à deriva tem pouco impulso além daqueles que são básicos entre humanos, e a motivação sustentada *não* está entre eles. Devemos reajustar o foco. Dar atenção mental consistente às ambições mantém o impulso vivo e faz nossa energia pulsar de expectativa. Pode ser algo tão simples quanto revisar nossos objetivos diariamente, anotar nossos desejos todas as noites, reservar com regularidade momentos para visualizar o que queremos e planejar os próximos passos.

É *nesse ponto* que muitas pessoas tropeçam. As distrações do dia a dia roubam o foco mental e, portanto, a motivação. A verdadeira queda para muitas pessoas não é o fato de serem "desmotivadas", mas de estarem simplesmente *distraídas*, desatentas demais para manter a motivação. Pode ser que o mundo não esteja nos dando o que queremos simplesmente porque a nossa própria falta de foco não evidencia o que estamos pedindo.

Não devemos deixar nossos sonhos morrerem à luz
do dia porque perdemos o foco reagindo aos interesses irrelevantes
do mundo ou a falsas urgências.

Não devemos tirar os olhos dos nossos próprios objetivos enquanto damos conta das tarefas mundanas do dia a dia, nem esperar pela "hora certa" para dar início ao que de fato queremos fazer. Quando deixamos que o nosso foco se desvie dos nossos sonhos para o vasto mar da desatenção, a motivação é arrastada junto.

Portanto, devemos manter a mente em nossos impulsos. Devemos manter as grandes visões em vista, os sonhos surgindo a cores no painel consciente da nossa mente todos os dias. Devemos nos sentar e meditar sobre o que queremos, e assistir à concretização contínua de tais desejos.

Alguns podem recear que estejamos cultivando uma obsessão. Estamos mesmo. Estamos obcecados por um objetivo poderoso, dedicando toda atenção e zelo, talvez pela primeira vez, a algo que realmente *importa* para nós. Não devemos ter medo da obsessão pela construção de uma vida abundante e livre. Sem essa atenção voluntária, a motivação se transformaria em esperança tímida, uma atração passageira do coração que não tem poder de permanência.

É a equação óbvia e o segredo definitivo: quanto mais fundo e por mais tempo dou atenção às minhas ambições e paixões, mais motivação eu sinto.

Mas não podemos simplesmente *pensar* no caminho para uma motivação prolongada; devemos *trabalhar* nosso caminho nesse sentido. Devemos fazer um esforço verdadeiro para alcançar as ambições. Não temos como atrair ou conquistar aquilo pelo qual não *agimos*. *Não é verdade que podemos perceber facilmente a profundidade da motivação de uma pessoa observando a consistência com que ela toma medidas com relação aos seus sonhos?* Quanto menos consistente for o esforço de alguém, mais óbvio será o fato de que lhe falta motivação. A ironia é que, caso se *esforçassem* mais, teriam mais *motivação*.

Não temos como sentir energia duradoura ou comprometimento para completar uma jornada se nunca tivermos dado o primeiro passo. O triatleta deve ter ambição, mas também precisa começar a *treinar*. Precisa se inscrever para a corrida, começar a correr distâncias maiores, treinar mais, ampliar suas zonas de conforto, *trabalhar* pelo sonho de cruzar a linha de chegada. A partir desses esforços, sua motivação será maior e mais duradoura.

Quando a motivação morre, não é porque os sonhos morreram; é porque nunca iniciamos — ou não sustentamos — verdadeiramente esforço algum. Sem darmos passos em frente, nunca sentimos a "onda" do progresso, e a energia desaparece com rapidez e, quase previsivelmente, desistimos.

Muitas vezes, nos esquecemos de que são o suor e o trabalho árduo em busca de objetivos significativos que nos tornam verdadeiramente vivos. Portanto, tenhamos em mente que nada mantém a motivação mais acesa do que o trabalho árduo e o impulso e as realizações dele resultantes. Dar continuidade aos nossos esforços em direção às nossas ambições, *apesar* da fadiga, da distração e dos obstáculos — é *essa* a marca de quem é verdadeiramente motivado.

Nossa vida e história dependem da capacidade de continuar marchando, de continuar a instigar nossa vontade a longo prazo. Um simples passo de peso a mais em direção aos sonhos muitas vezes desperta o desejo de dar outro passo. E, assim, a resposta fica nítida quando as pessoas perguntam: "Qual é o maior segredo para a motivação duradoura?". *Continuar — não importa o que aconteça.*

Dói pensar que, depois de todas as lutas para nos sentirmos mais motivados, tudo o que precisávamos fazer era dar mais atenção às nossas ambições. Preferimos acreditar que, durante os momentos turbulentos da nossa vida, quando estávamos cheios de ânimo, houve sorte ou uma força externa em jogo. Queremos cair na falácia de que estávamos mais motivados devido a fatores ambientais: estávamos pressionados, nosso pai tinha morrido, nossa esposa precisava de nós, a grande porta da oportunidade se abriu, fomos tocados por Deus, havia um bebê para alimentarmos.

Mas a dura realidade é que aqueles momentos em que estávamos motivados aconteceram simplesmente porque estávamos *dispostos* e *trabalhando* com mais frequência para progredir. Havia atenção. Havia esforço. Essas coisas eram diárias, implacáveis e inextinguíveis. E essas coisas foram escolhas — *escolhemos* dedicar mais atenção e mais esforço a algo significativo. Não havia nada além. A *escolha* nos deu energia; foi *ela* a nossa salvadora, não a graça da mudança de circunstâncias, da extrema necessidade ou mesmo do chamado divino — pois quantas pessoas ouviram tal chamado, mas optaram por não responder a ele? É ao escolher responder às circunstâncias, às necessidades ou a Deus à nossa maneira, como uma pessoa livre e motivada, e com atitudes reais, que emergimos da escuridão.

Que fique claro para todo mundo: a grandeza pertence àqueles que dominaram a capacidade de se concentrar incansavelmente em suas ambições e agir de forma decisiva com relação a elas.

AMPLIFICANDO A MOTIVAÇÃO

Despertamos a motivação e a mantivemos acesa. Agora, vamos cultivá-la e condicioná-la através de cada fibra do nosso ser e em cada aspecto da nossa vida. Duas escolhas vão amplificar a motivação para outro patamar: *atitude* e *ambiente*.

A atitude é importante. Pessoas livres e motivadas são *positivas* e *entusiasmadas* com seus objetivos e sua vida. No entanto, vejamos os milhões de pessoas que se afogam nas areias movediças do pessimismo, rangendo os dentes de desprezo por suas experiências cotidianas. A raiva, o ódio e todas as armadilhas do medo alimentam a mente das massas. Há uma angústia sombria pairando sobre muitos. Mas por quê? Existe uma razão repentina para se sentir profundamente mais negativo com relação à vida? Não. A questão em pauta é a incapacidade de *escolher* a própria postura. A maioria das pessoas raramente *pensa* sobre sua disposição ou sobre como vivenciam ou contribuem energeticamente para o mundo. Essa desatenção à forma como pensam, agem e servem — este estilo *inconsciente* — custa-lhes seus sonhos e seu legado. Pense nas pessoas que alcançaram grandes feitos. Elas são taciturnas e amargas? Negativas e irritadas? Não. Qual pessoa já alcançou a verdadeira grandeza e realização com uma postura negativa com relação a tudo? Aqueles com uma postura abatida raramente movem os ponteiros do mundo em direção ao progresso.

A motivação jamais acende a alma de ninguém ao seu brilho mais intenso a menos que ele ou ela tenha a mente aberta e esteja entusiasmado ou entusiasmada pela vida. Uma disposição aberta e positiva com relação ao mundo pode atrair pessoas, trazer alegria à experiência e canalizar as energias mais elevadas do universo. Portanto, lembremo-nos de que, a qualquer momento, podemos escolher como nos apresentamos, sentimos e nos relacionamos com o mundo. Devemos fazer disso um jogo para enfrentar circunstâncias difíceis com um sorriso, um espírito positivo, bom humor e uma voz alegre que se sobreponha às lamentações taciturnas da multidão sem rumo. Manter uma postura otimista, principalmente quando o mundo conspira para nos enlouquecer, é uma das maiores conquistas da vida. Para além da vontade expressa, uma forma de nos mantermos sãos e positivos é nos cercarmos de pessoas sãs e positivas.

Poucas coisas amplificam mais a nossa motivação a
longo prazo do que um ambiente social positivo.

As pessoas com quem interagimos são importantes para a nossa postura e, portanto, para a nossa motivação.

Infelizmente, a maioria das pessoas permitiu que a sua motivação fosse comprometida pelas esferas sociais às quais se restringiam. É difícil, embora não impossível, estar altamente motivado mesmo cercado de pessimistas e idiotas, ou enquanto se vive no estresse e no caos criados por pessoas dramáticas e alheadas. Também é raro o indivíduo que passa os dias afundado no sofá e bebendo com os amigos acabar por esbarrar com o segredo do sucesso e da felicidade. A mulher com o namorado que a humilha raramente se sente motivada a dar o melhor de si, e o homem que trabalha em um emprego sem futuro, com um chefe abusivo e colegas de trabalho entediados raramente se sente motivado a contribuir com excelência.

De uma vez por todas, devemos nos distanciar daqueles que têm posturas negativas, pois a energia é contagiante e nociva. Devemos nos lembrar de que a nossa liberdade pessoal está em jogo e que, portanto, nossa esfera social não deve impedir a expressão do nosso eu nem a busca por coisas significativas.

Por uma questão de motivação, devemos estar atentos
e nos rodear de pessoas autênticas e positivas, que buscam
objetivos positivos com posturas positivas.

Sejamos também mais disciplinados ao moldar nossos *ambientes físicos* para amplificar as emoções. Devemos *amar* os espaços onde passamos o nosso tempo, e, se não amamos, devemos fazer mudanças imediatas. Entrar em casa deve trazer paz e a capacidade de repor as energias. Devemos ter muita luz e um lugar onde não sejamos perturbados, para podermos refletir, pensar, planejar, fazer arte. Devemos nos sentir confortáveis onde dormimos e onde pensamos. Nossos espaços de trabalho devem nos inspirar. E deveríamos ter à mão uma lista de contatos de outras pessoas motivadas a quem recorrer quando precisarmos de mais inspiração. Se não, mais uma vez precisaremos aplicar mudanças imediatas para encontrar e cultivar tais relações. Se nos falta um espaço de apoio para viver e trabalhar, ou um grupo de colegas igualmente positivos, que seja nossa missão manifestar tais coisas na nossa vida. Nosso ambiente é importante, e por isso devemos moldá-lo para subir a um novo patamar de motivação e alegria.

UMA ALTERNATIVA CLARA AO VITIMISMO

De posse dessa nova compreensão acerca da nossa motivação, nos afastamos da condição de vítimas e encontramos um caminho claro para a liberdade. Agora podemos dar vida à motivação a qualquer momento, e podemos ensinar aos outros como fazê-lo:

> *Escolha uma ambição e, com toda a força, espere que ela seja possível e que você seja capaz de concretizá-la. Dedique atenção constante e esforço comprometido aos seus sonhos, e sua motivação será duradoura. Adote uma postura positiva ao lutar por coisas grandes, e se dedique a construir um ambiente de apoio ao seu redor e que amplifique sua motivação.*

Com essas práticas, cultivar a motivação deixa de ser uma sensação de sorte e passa a ser uma *escolha deliberada*. Com o tempo, essas escolhas vão nos fazer sentir no comando de nossa vida, capazes de superar as distrações e de lidar melhor com os altos e baixos da existência. Sem práticas assim, cedemos aos caprichos dos impulsos e viramos escravos da preguiça e do medo. Viramos vítimas dos outros e das circunstâncias, porque não conseguimos despertar para a atenção ou para a liberdade. Em pouco tempo, tornamo-nos vítimas desmotivadas, e nada abala mais as energias da alma do que a sensação de vitimismo.

E, assim, temos uma mensagem para os que estão sem rumo e desmotivados:

Eles dizem: "Estou esperando que algo ou alguém me motive".

Nós dizemos: A motivação só pode vir de dentro.

Eles dizem: "Não me sinto motivado; simplesmente não sou uma pessoa motivada".

Nós dizemos: A motivação não é um impulso do corpo ou um traço de personalidade; é deliberada, e o desejo de uma mente livre e consciente.

Eles dizem: "Vou ter mais motivação e trabalhar mais quando meu emprego me proporcionar maiores remuneração, autonomia e responsabilidade".

Nós dizemos: Se você não escolheu estar motivado antes, é por isso que não tem maiores remuneração, autonomia e responsabilidade. O esforço lhe dá motivação, e a motivação lhe dá recompensas.

Eles dizem: "As pessoas ao meu redor não param de estragar a minha motivação".

Nós dizemos: Você escolhe as pessoas ao seu redor, mas, independentemente disso, a motivação vem da sua própria vontade e iniciativa — ela é imperecível, e não pode ser concedida, diminuída nem eliminada por outros. Ela existe dentro de você porque você quer. O nascimento, a vida e a morte da motivação de cada dia estão sujeitos ao seu próprio comando.

Eles dizem: "Bem, não tive nenhuma experiência de vida relevante que me motivasse, como um golpe de sorte ou um acontecimento que tenha feito eu encontrar meu propósito".

Nós dizemos: O propósito não surge como um raio de inspiração. Motivação e propósito são escolhas. A única coisa necessária para despertar a motivação é a decisão de ampliar a sua ambição e a sua expectativa — parar, pensar sobre o que você deseja e acreditar que pode alcançar. Para sustentar essa motivação, você precisa de atenção e esforço constantes.

Eles dizem: "Às vezes eu simplesmente sinto preguiça".

Nós dizemos: Então escolha sentir outra coisa. A preguiça é uma escolha, assim como qualquer outro sentimento pode ser uma escolha. Entenda que a vida é curta, e que escolher a preguiça no longo prazo levará a uma vida escrava do impulso e repleta de arrependimentos. Somente ao escolher se energizar você vai enfim se abrir para o mundo, descobrir quem você é, crescer, concretizar seus sonhos e se tornar livre e grande.

UMA VIDA ABUNDANTE E MAGNÍFICA

Estar consciente, empregar todas as nossas faculdades mentais de seres humanos, ser o diretor de nossas próprias mentes e nossos impulsos — *essas coisas* nos dão poder pessoal. Jamais devem ser negligenciadas, e devemos nos dedicar a dominar a motivação todos os dias de nossa vida. Não há nada que mereça a maior atenção vital, pois faz parte das milhões de decisões imediatas tomadas ao longo da nossa vida — quer dirigidas por uma mente motivada com tendência para a Liberdade Pessoal, quer deixadas aos impulsos predefinidos com tendência para o medo — que criam o nosso destino. Vencerá o medo ou a liberdade.

A vida é abundante e magnífica quando a motivação está acesa. Portanto, vamos mais uma vez acender nossa alma com o fogo da ambição. Vamos alimentar essa energia com muita atenção, esforço constante e postura positiva. Vamos agir com total dedicação na construção dos ambientes sociais e físicos da vida. Se formos disciplinados e tivermos sucesso, nossa vitalidade será amplificada, a vida vai se expandir como se uma luz divina irradiasse, sinalizando ao mundo e ao destino que estamos aqui, que é a nossa hora, que estamos *prontos*.

PARTE DOIS

AS
9 DECLARAÇÕES

Declaração I

DEVEMOS ENCARAR A VIDA COM PRESENÇA E POTÊNCIA PLENAS

Seu verdadeiro lar é aqui e agora.
THÍCH NHẤT HẠNH

Uma aflição tem roubado a alegria das pessoas ao redor do mundo, contaminando o que deveria ser uma experiência de liberdade divinamente inspirada. É uma ausência assustadora do momento presente.

Muitos se desconectaram de seu corpo e de sua vida. Não estão sintonizados com a energia e as circunstâncias ao seu redor nem entendem suas responsabilidades para com essas coisas neste exato momento. Têm pouca admiração ou reverência pelas bênçãos à volta deles, agindo como se preferissem estar em outro lugar, como se vivessem mentalmente em fusos horários distantes, horas atrás ou à frente do tique-taque alegre e da felicidade do Agora. A força vital deles parece, portanto, apartada e dissipada; sua vida é ignorada e não vivida; sua alma está a um universo de distância.

A maior parte da humanidade parece perdida no abismo da falta de consciência. Os olhos vazios e vidrados de tantas pessoas revelam tudo: mentes presas na escuridão insensível da distração e do alheamento. Não estão dormindo, mas também não estão despertas, alertas, determinadas. Estão ligadas graças ao café, mas sem consciência não há nenhum centro real de energia, nem um pé na realidade, nem uma sensação vibrante com relação ao Agora.

A vida não foi feita para ser uma longa série de experiências não percebidas e não direcionadas. Não devemos ser zumbis e escravos, animais inconscientes presos na estupidez do momento, levando vidas distraídas e impotentes. Não devemos ser desatentos com relação às pessoas que amamos, aos deveres da vida nem aos sonhos em nossos corações.

Se quisermos estar livres e vivos com pleno potencial, temos de optar por direcionar todo o poder da mente consciente para a experiência presente. Devemos *escolher* sentir de novo. Devemos *sentir* esta vida.

Devemos nos lembrar de que *tudo o que amamos na vida só pode ser acessado no agora*. Tudo o que buscamos está aqui, conosco, à nossa disposição neste momento. Todas as verdadeiras riquezas — amor, paixão, alegria, plenitude, harmonia — estão disponíveis *agora* no cardápio da mente, para serem saboreadas assim que despertarmos e fizermos o pedido. Tudo o que procuramos nos tornar também está aqui; podemos escolher qual papel queremos desempenhar e como canalizar as energias da vida em cada ocasião. Se aprendermos a dirigir nossa consciência e nosso potencial em tudo o que fazemos, então a infelicidade vai desaparecer e a energia vital retornará. Vamos sentir uma vibração incompreensível para a maioria dos homens e mulheres deste planeta. Por isso, declaramos: *devemos encarar a vida com presença e potência plenas.*

UMA VIDA PELA METADE

Grande parte da nossa vida passa despercebida. Perdemos o nascer e o pôr do sol. Não percebemos como estamos nos sentindo por horas e, muitas vezes, dias seguidos. Não vemos o gentil desconhecido ajudar o idoso a atravessar a rua. Deixamos passar aquele sorriso de admiração no rosto do nosso cônjuge. Não reparamos no desespero da colega de trabalho, porque nunca paramos para fitá-la nos olhos ou perguntar sobre seu dia. Trancados dentro de casa e escondidos atrás de máquinas, perdemos todas as estações — o inverno passou e não brincamos na neve, a primavera desabrochou e não notamos as flores, o verão e o outono passaram tão rapidamente que nem nos lembramos das árvores mudando nem ficamos felizes com o tempo passado ao ar livre. Todos os dias contêm um milhão de maravilhas divinas, gestos de bondade humana e belas paisagens. No entanto, estamos distraídos ou ocupados demais pensando no ontem ou no amanhã para sequer sentirmos essa magia.

Não devemos ficar tão entorpecidos ou distraídos a ponto de nos permitir sofrer o destino e os infortúnios daqueles que escolheram uma vida com interesses e envolvimento pela metade. Não devemos ficar alheios aos principais momentos e circunstâncias da vida. Há mais pulsação, beleza e significado ao nosso dispor.

Com a iluminação vem a compreensão de que o inimigo natural da vida não é uma morte distante, mas uma desconexão com a vida.

A realidade está apenas aqui, agora, e devemos aprender a encará-la, senti-la e moldá-la.

O presente é tudo o que existe. A motivação e a vida em si não podem ser sentidas se apartadas do Agora. Sem trazer a consciência plena para o momento, viramos escravos do impulso ou da predisposição adestrada, subservientes ao condicionamento básico que tende a se inclinar para a facilidade e o medo em vez de para o crescimento e a liberdade. Desse espaço de desconexão emerge tudo o que desprezamos: o pai raras vezes presente, o namorado indiferente, o aluno desatento, o líder omisso.

É hora de ficarmos mais alertas e engajados no mundo. À medida que os próximos momentos da vida se desenrolarem, poderemos optar por prestar mais atenção à forma como nos sentimos, à forma como os outros se sentem, às bênçãos que nos rodeiam. Podemos dar aos outros todo o nosso foco e afeto. Podemos abrir nosso coração, mente e espírito para o que o universo nos oferece. Podemos escolher, mais uma vez, estar presentes neste exato momento, abertos e livres — *vivos*.

O único inimigo nesta empreitada somos nós mesmos. Para exercer maior presença, temos de superar o hábito de viver no passado ou no futuro. E temos de nos tornar mais conscientes dos papéis e das responsabilidades que podemos escolher a cada momento enquanto pessoas livres, conscientes e motivadas.

DESCOLADOS DO TEMPO

A razão pela qual a maioria de nós carece de vitalidade é que estamos inconscientes ou obsessivamente direcionando a mente para o passado ou o futuro, às custas de viver plenamente o agora. A vida não pode ser sentida um dia atrás ou um dia à frente. Devemos aprender a nos livrar dos hábitos de nostalgia e de projeção absurda e regressar à vida no momento.

Começamos por libertar o passado. Não adianta muito pensar no ontem ou no anteontem. A menos que recontemos suas alegrias ou estejamos à procura das lições que possam nos ajudar agora, o melhor é nos libertarmos por completo do passado. Todo o restante desempenha um efeito terrível na alegria e na liberdade presentes.

É uma tarefa difícil. A maioria das pessoas está viciada em ficar obcecada com o passado, desejando seu retorno ou culpando-o pela frustração atual em sua vida. O preço disso é que não podem ser espontâneas — agem a partir de uma identidade que nada mais é do que um reflexo mental superestimado ou aterrorizador. A espontaneidade é a marca registrada de uma pessoa livre, e ninguém preso a pensamentos sobre o ontem — sejam positivos ou negativos — pode estar verdadeiramente livre no presente.

Alguns vão dizer: "Mas *gostei* mais de ontem do que de hoje. Prefiro focar os dias de esplendor e lembrar quem eu era do que encarar quem sou hoje". Esse é o tipo de afirmação de pessoas que renunciaram ao seu potencial. *Elas se tornaram uma coleção de recordações ambulantes, em vez de um ser humano movido por uma missão.* São hoje desmotivadas e pouco ambiciosas, perdidas em uma lembrança perpétua que trava o progresso da vida real. A vida delas vai continuar a ser um mito evocativo, a menos que descubram que o único caminho para sair do passado está no dia bem diante delas. O que vai trazer motivação e glória à sua vida mais uma vez é uma nova disciplina mental de colocar o foco de volta no momento, em ser autêntico e *ativo* hoje. Sem essa ambição e essa atenção conscientes, apenas uma circunstância negativa pode lhe corrigir os rumos — uma catástrofe ou uma necessidade grave pode arrancá-las do passado e ajudá-las a se reconcentrar no Agora. Devemos esperar que tal choque seja desnecessário, e que simplesmente escolham voltar a se engajar com a sua vida presente, porque isso as tornará felizes e vivas mais uma vez.

Se revisitarmos o passado em busca de lembranças alegres e fugazes, é bom nos certificarmos de anotar exatamente o que nos fez felizes. Vamos ver que a felicidade surgiu daqueles momentos em que estávamos vitalmente *conscientes*. Algo estava acontecendo, e percebemos isso com admiração ou apreço — havia beleza, surpresa, prazer, paixão, diversão, amor e paz, talvez tudo isso em uma sequência excepcional de momentos. O mundo entrou em foco por um instante. As coisas sem sentido se desvaneceram, e as significativas aumentaram e chamaram a nossa atenção. Havia autenticidade e frescor na experiência. Havia unidade com o presente. Ficamos atentos e conectados com algo positivo, e é por isso que conseguimos nos lembrar daquilo com tanta facilidade.

Boas lembranças podem ser festejadas. Mas não nos esqueçamos de que, mesmo na casa da felicidade, um passado positivo pode se tornar um hóspede indesejado que atrapalha as atividades e o exercício da liberdade do dia. Por mais que tenhamos essas associações positivas, não devemos ficar muito tempo vagando na mente, ao custo de deixar passar justamente as coisas que estão ao nosso alcance aqui e agora. O que nos deixou felizes foi a consciência do momento. Não nos esqueçamos disso. Vamos usar tal conhecimento como prática de vida e voltar ao Agora com vibração plena.

Alguns pensam no passado e dizem: "Mas eu *odeio* o passado. Ele é a razão de todos os meus problemas hoje". Eles direcionam energias obsessivas a fim de olhar para trás com um sorriso de escárnio e o dedo em riste. Prefeririam não pensar no passado, mas pensam, porque amarraram mentalmente a grossa corda do ressentimento em torno de situações antigas. Apesar do tempo e da mudança no mundo, ainda são amargurados com um contratempo antigo, assustados com um velho medo, vítimas de uma situação que já passou. São hoje uma pessoa raivosa, uma vítima reclamona ou um filósofo arrependido.

É muito fácil virar uma dessas pessoas porque o nosso passado moldou boa parte do que somos. Mas não devemos nos tornar assim. Qualquer sujeira ou carnificina de ontem não pertence nem de perto ao Agora, mas sim à lata de lixo da história, em que não precisamos remexer. Remoer as mágoas do passado só nos deixa sem ânimo e apartados do momento presente.

Se as dificuldades de ontem roubam nossa vitalidade hoje, então devemos buscar outro nível de consciência. Para alguns, o processo vai exigir terapia. Para a maioria, vai ser necessário, no mínimo, disciplina para deixar os pensamentos negativos irem embora de imediato e, então, optar por perguntar: "Em que posso me concentrar na minha vida neste exato momento para sentir alguma paz, admiração ou entusiasmo? Que tipo de pessoa e que tipo de experiência quero escolher para manifestar *neste exato momento*?". Aqueles que têm essa presença de espírito experimentam uma vida conectada, real e positiva.

Esquecendo o amanhã

Muitas pessoas se distanciam do hoje porque estão pensando no amanhã.

Para algumas, existe um medo secreto de que o amanhã será pior do que o hoje. Perdem o sono pensando nas dificuldades que o amanhã pode trazer. Seus medos com relação ao futuro as afastam das bênçãos do momento presente.

Outras estão preocupados que o amanhã será não pior, e sim que não será diferente em nada. Elas pensam: "Por que minha vida não é mais emocionante? Amanhã vai ser só mais um dia como outro qualquer. Apenas mais uma repetição da mesma rotina de sempre". A triste realidade é que, a menos que aprendam a agarrar a experiência presente com um fervor renovado, estarão certas. Outras ainda olham para o futuro de modo diferente — são os sonhadores perdidos em especulações positivas sobre o que podem ter. Muitas vezes se sentam a suas mesas e deixam a mente vagar por visões do amanhã, e nada os traz de volta a não ser um telefonema ou uma batida à porta. Tragicamente, seus pés raramente pousam no Agora. Estão sempre fazendo pedidos às estrelas cadentes, mas nunca trabalham aqui, na Terra, para aproveitar a experiência ou progredir na vida.

Assim como com o passado, não há nada errado em viajar para o futuro se ele proporcionar alegrias ou lições. Mas essa jornada deve ser breve e nunca ocorrer às custas da consciência do agora. Planeje e sonhe quando essas coisas forem necessárias, claro, mas não se desconecte da magia, das tarefas e das pessoas que estão diante de você.

> *Um futuro melhor pode ser imaginado durante alguns períodos, mas é somente neste exato momento que um futuro melhor pode ser construído.*

Independentemente de suas lembranças ou sonhos para o amanhã, os mestres desta vida sempre trazem o próprio foco de volta para este exato momento. Vivem serenamente no Agora, tirando proveito do ontem sem ansiar por ele, esperançosos pelo amanhã, mas sem ficar obcecados por ele. São vigilantes ao direcionar sua atenção e afeto para as circunstâncias imediatas e para as pessoas que os cercam. Com frequência se perguntam: "Minha mente está alerta agora? Estou percebendo e sentindo plenamente o que está ao meu redor e absorvendo tudo? Estou *sentindo* esta vida? Estou direcionando todo o meu poder para o que está diante de mim e para o que importa?".

EVITANDO A REALIDADE

Alguns de nós não têm forças para fazer tais perguntas, preferindo a fácil fuga da vida por meio do escapismo. Essas pessoas preferem se afastar das responsabilidades ou circunstâncias que estão diante de si. Distanciam-se mental, emocional e espiritualmente do Agora, uma vez que o envolvimento estaria relacionado a dificuldades e a uma autoavaliação implacável. É o marido que se esquiva de ouvir os pedidos da esposa, porque isso vai exigir que ele se levante do sofá; o líder que se esquiva de fazer uma reunião, porque teria de enfrentar o fato de que seu negócio está falindo; o estudante que sai para passear na cidade em vez de terminar um dever trabalhoso; o homem com problemas de saúde que se recusa a ir ao hospital porque isso pode significar que há algo muito errado com seu corpo, e que a morte se aproxima.

Para a pessoa imatura ou inconsciente, parece sensato se esquivar das dificuldades que a vida impõe. Faz sentido desviar a atenção de circunstâncias que trazem desconforto. É mais fácil parar de fazer a tarefa difícil que está bem diante de si, e dispersar sua atenção em múltiplas tarefas mais fáceis. É tentador se ausentar, fugir e se esconder. Mas, ao fazê-lo, nos esquivamos da própria vida. A vítima é a nossa própria presença e potência. Quando nos falta coragem ou disciplina para cuidar do que temos de cuidar, nossa presença nunca é exercida nem aperfeiçoada, e assim a vida se torna desprovida de sentimento e felicidade. A esquiva pode ser a melhor estratégia a curto prazo em busca de evitar a dor e o conflito, mas é também a melhor estratégia a longo prazo para garantir o sofrimento.

É preciso encarar tudo o que há para se encarar, e agora é a hora de começar. Se é iminente uma conversa difícil com o cônjuge, então a conversa deve acontecer hoje. Se o negócio estiver em risco, não saia de férias nem falte à reunião; comece a trabalhar para resolver o problema em questão. Se o dever estiver atrasado, comece a escrever. Se o corpo estiver doente, vá ao médico. Qualquer outra ação é esquiva, e onde há esquiva não pode haver paz ou progresso.

Pessoas livres e motivadas não negligenciam a realidade. Enfrentam as dificuldades com atenção, e as enxergam como oportunidades para testar sua fé, sua força e seu amor. Cientes de que a vida é cheia de conflitos, mas confiando em si mesmas e no seu caminho, procuram lidar com tudo o que a vida lhes exige de forma direta e rápida. Por meio da prática, aprendem a encontrar conforto no desconfortável, e o verdadeiro domínio na vida. Podemos aprender com elas. Não devemos jamais olhar para as dificuldades e fugir. Agir assim é se apartar desse mundo e desse tempo, e renunciar ao crescimento e às contribuições na vida. Devemos sempre lembrar que, ao lidarmos com a dor e o medo, conquistamos domínio sobre eles. Ao enfrentar o desafio, em vez de evitá-lo, encontramos o sucesso. Ao olhar de frente para as oportunidades de crescimento colocadas pelo Destino, somos privilegiados. E, então, devemos nos perguntar: "O que preciso enfrentar de uma vez por todas na vida? Quais verdades ou realidades atrapalham meu crescimento e minha felicidade? O que eu poderia fazer a respeito disso agora? Como posso me conectar melhor com o momento presente a fim de poder dominar o que o agora exige de mim?".

DESATENÇÃO AOS NOSSOS PAPÉIS

Estar totalmente presente na vida não significa apenas ser observador e infalível na abordagem da nossa realidade, mas também decidir *escolher* proativamente os nossos papéis e atitudes todos os dias.

A todo momento, podemos desempenhar de um a cinco papéis vitais. A desatenção a esses papéis possíveis leva a uma vida sem intenção. Mas trazer a consciência para eles nos ajuda a ativar todo o nosso poder pessoal em cada momento. Traz propósito à nossa mente e a nossas atividades. E o *propósito* é a maior ponte para o Agora.

Observador

O primeiro papel que podemos desempenhar na vida é o de *observador*, ou espectador consciente. Esse é o papel e a responsabilidade que nos são confiados por meio do dom da autoconsciência. Como observadores, podemos pairar acima da nossa realidade e ver a totalidade de quem somos na vida e os detalhes de como agimos e reagimos no presente. Não é um descolamento de nós mesmos nem do momento, e sim uma observação cuidadosa deles.

Aqueles que dominaram este papel podem tomar uma decisão e avaliar quase de imediato se é ou não a decisão *certa*. Podem se perceber fazendo, sentindo e pensando coisas, e saber se essas coisas são autênticas. Notam quando tomam decisões erradas, sendo grosseiros com os outros, esquecendo algo importante. São vitalmente conscientes de si mesmos. Podem sentir um conflito se anunciar e sua raiva se intensificar, mas optam por não agir de acordo com a raiva. É como se tivessem um diálogo interno: "Ah, percebo que estou ficando chateado com a situação. Por que estou reagindo desse modo agora? A raiva vai me servir neste momento? Se eu fosse reagir a partir da melhor versão de mim, o que eu diria e faria agora?".

Podemos aprender a dominar esse papel ao praticar uma autoanálise. Várias vezes ao longo do dia podemos nos perguntar: "Se eu fizesse uma pausa e pairasse sobre minha vida, o que me veria fazendo, e por que acho que estou fazendo isso? Por que sinto o que estou sentindo agora? Qual será o resultado das minhas ações e intenções atuais? O que consigo sentir com relação ao que a minha mente, meu corpo e meu espírito de fato sentem, precisam e desejam agora?". Quando assimilamos essa ideia de nos observamos, ficamos mais conectados conosco e com a vida. Este deve ser o nosso objetivo.

Diretor

O segundo papel é o papel mais proativo como *diretor*, o criador consciente e intencional de nossa vida. Se imaginarmos a vida como um filme, então podemos nos imaginar como aquele que dirige cada cena e personagem dentro dela. O diretor toma todas as decisões e é o planejador e a autoridade final quanto ao que cada personagem está fazendo, por que está fazendo, e o que fará a seguir. O diretor decide para onde a câmera aponta em cada segundo de filmagem. O diretor faz escolhas embasadas sobre os personagens, a fim de moldar uma história convincente e que tenha sentido.

Desta simples metáfora podemos extrair muita sabedoria para melhorar a vida. Quem está insatisfeito com sua atual história é quem não vem dirigindo suas cenas e personagens. Quem não tem um plano para a própria história. Que entra e sai de situações sem qualquer intenção propriamente dita. Que se concentra nas coisas erradas, muitas vezes focando os aspectos negativos da vida, enquanto passa despercebido pelo que era bonito ou interessante. Que deixou os personagens errados entrarem nas cenas importantes. Que raramente se afastava para enxergar o contexto geral. Que permitiu que respondessem às situações não como um personagem nobre e heroico, mas como uma criança chorona gritando no palco da vida.

Dominar o papel do diretor exige sermos específicos com relação às nossas intenções para cada cena da nossa história. Se vamos sair com nosso cônjuge hoje à noite, como queremos que a cena se desenrole? Que tipo de pessoa queremos ser à mesa de jantar? Qual será nossa aparência e como vamos soar? Como vamos responder à narrativa sobre o seu dia? Que surpresas vão manter a cena interessante? Como a noite inteira pode ser um caso de amor romântico capturado através de nossos próprios olhos? Qual é o rumo da história com essa pessoa?

Assumir o papel de diretor do nosso próprio filme nos proporciona a capacidade de escolher o nosso personagem e o curso da vida. O personagem será forte ou fraco, nobre ou egoísta, estressado ou sereno, inconstante ou equilibrado? Será que cada um dos nossos dias vai dizer algo sobre quem somos e, em caso afirmativo, o quê? O que vamos manifestar e nos tornar na próxima cena da vida? São questões importantes. Se não as fizermos, não conseguiremos nos concentrar na história da nossa vida e, assim, nos perdemos nela. Pior: nos tornamos coadjuvantes nas histórias dos *outros*, vítimas da narrativa de massa mais ampla que é uma história enfadonha de conformismo. Portanto, sejamos mais conscientes: *qual será a história da nossa vida, e como podemos dirigir pensamentos e ações para concretizar essa visão?*

Guardião

O terceiro papel que merece atenção é o de *guardião* da nossa mente, nosso corpo e nossa alma. Devemos permanecer às portas da nossa vida e nos proteger de contaminantes indesejados: informações, pessoas e hábitos negativos.

Como fracassamos com frequência neste papel. Deixamos informações inúteis, bobagens e estupidez entrarem em nossa mente. Consumimos de forma irrefletida palavras, imagens e sons de fontes obscenas, que disfarçam alertas e ofertas como sendo de algum modo relevantes para nossa vida. Essa é a imprensa que finge que alguma visão ignorante e extremista pode nos esclarecer, a rede social que diz que a realidade de alguns mimados sem filtro pode nos entreter, o site que nos faz achar que seremos infelizes sem seu produto. Tudo isso não nos deixa mais sábios, mas menos informados; não entretidos, mas entorpecidos; não mais ricos, mas mais pobres.

Tudo o que consumimos se torna parte de nós. Todos os factoides e escândalos vazios não fazem nada além de criar raízes em nossa psique e emergir mais tarde como estupidez e drama. Ver as pessoas sendo tacanhas na televisão um milhão de vezes nos torna ainda mais tacanhos. Como guardiões da nossa mente, não devemos permitir que o banal e o negativo entrem tão facilmente. Devemos estar conscientes das informações que entram em nossa mente. Se queremos aprender determinada coisa, devemos ter consciência a respeito da fonte, procurando alimentar nosso cérebro com informações positivas e fortalecedoras que façam a vida andar para a frente. Se quisermos ser entretidos, que escolhamos a forma de entretenimento que nos estimula de verdade — que traz profundidade de compreensão ou admiração à nossa vida. Em qualquer caso, devemos permanecer no nosso posto de protetores de uma mente sã e vital. O que vemos, ouvimos e permitimos entrar em nosso cérebro molda nossa personalidade e nosso destino.

Devemos também ser guardiões dos nossos corpos. A situação difícil daqueles que vivem em culturas de abundância repletas de comida falsa é que a conveniência obstrui o bom senso. Em vez de optar por alimentos de verdade, integrais e bons para nós, escolhemos o que é rápido e doce. Enquanto sociedade, nos tornamos não guardiões, e sim devoradores, nos empanturrando e envenenando, intoxicando inconscientemente a própria estrutura que abriga o nosso coração e a nossa alma.

A maioria das pessoas se sentiria culpada por destruir a propriedade de outra pessoa. No entanto, destroem o próprio templo que o Criador lhes deu.

É hora de protegermos nossa saúde prestando mais atenção ao que colocamos na boca. Não nos faltam informações sobre como escolher uma alimentação saudável ou ter um estilo de vida mais saudável. Coma porções menores. Faça um prato principalmente com alimentos integrais e verduras. Limite o consumo de alimentos processados ou qualquer coisa com ingredientes impossíveis de serem pronunciados. Pare de comer tanto açúcar. Mexa-se mais e faça exercícios várias vezes por semana em busca de manter um corpo forte e saudável. Beba mais água e durma mais. Nada disso é novidade. O que é necessário é um novo *compromisso* de cuidar do nosso corpo. Se deixarmos desaparecer a energia dele, a motivação logo irá junto.

Sejamos igualmente vigilantes ao avaliar as pessoas que deixamos entrar em nossa vida. Estamos permitindo que pessoas autoritárias, traiçoeiras e estúpidas contaminem o ambiente? Quem são as pessoas negativas que envenenam nosso potencial, e por que estão no nosso espaço? Estamos constantemente deixando que nos magoem? Estamos nos cercando de reclamões e de *haters*? De uma vez por todas: *elas têm de ir embora*. E não devemos esperar que partam — elas vão ficar por todo o tempo que permitirmos. Cabe a nós sermos guardiões ferozes da nossa felicidade e humanidade. Isto muitas vezes requer comunicação direta, dizer aos outros que saiam, que mudem sua postura, que sejam mais gentis e solidários. Requer maior assertividade e determinação. Ninguém gosta de fazer esse tipo de trabalho. Mas devemos nos proteger dos humanos amargurados. De maneira análoga, devemos nos cercar de pessoas positivas, gentis e inspiradoras. Podemos optar por chamá-las dos portões da nossa vida, convidando-as para os nossos círculos sociais e casas, pedindo que compartilhem as suas ideias e sua vida conosco.

Guerreiro

O papel a seguir é o de *guerreiro*. Se ficarmos sentados em casa achando que falta algo na vida, devemos então nos levantar e nos aventurar a batalhar de modo intencional por algo mais. Devemos ser ousados, ferozes e implacáveis na busca por nossos sonhos. Devemos deixar de lado os medos, lutar com convicção, enfrentar todos os obstáculos. Devemos querer vencer, trazer de volta tesouros e glória para casa, não deixar nada nos campos de batalha da vida, a não ser a lenda da nossa coragem e nosso potencial.

Não teremos feito nada por nós mesmos nem criado nada de significativo, a menos que nos preparemos para a longa e árdua jornada rumo à excelência. Que habilidades devemos ter para vencer as próximas batalhas? Vamos aprendê-las agora mesmo. De quais ferramentas e recursos precisaremos? Vamos prepará-los. De quem vamos precisar para marchar conosco para que tenhamos companhia e apoio na conquista da próxima montanha? Vamos buscar conhecê-los e convocá-los de imediato. Do que devemos abrir mão para ir ainda mais alto? Então devemos abrir mão já, antes que isso nos sobrecarregue na jornada.

Assumir o papel de guerreiro exige fazer um balanço de todas as coisas com as quais estamos profundamente comprometidos. O guerreiro pergunta: "O que defendo na vida? Como trazer honra e abundância aos meus entes queridos? Que aventuras farão com que eu me sinta vivo? O que eu quero, e até que ponto estou preparado para lutar por isso?".

A questão do trabalho duro revela se somos os covardes ou os guerreiros deste mundo. Talvez seja hora de darmos um passo para trás com relação a todas as tarefas que nos sobrecarregam e repensar sobre nossos maiores sonhos e glória. Sejamos honestos e corajosos ao avaliar a nossa existência, perguntando: "Estou me *esforçando* de verdade para conquistar meu sonho? Estou deixando que pequenos obstáculos travem meu progresso ou estou lutando contra eles de forma consistente? Faço o que devo para preparar minha mente, meu corpo e minha alma para a vitória? Ajo com verdadeira convicção e comprometimento ou simplesmente funciono no automático? Tive dificuldades em ter êxito em determinada área da vida porque não fui capaz de me sacrificar ou de me comprometer o suficiente?".

Se temos sonhos de verdade, devemos lutar por eles. Para o bem da nossa alma e da nossa família, devemos adotar esse espírito guerreiro que é faminto, ambicioso e corajoso.

A essência do espírito guerreiro é a *prontidão* — uma tendência à ação.

Os guerreiros não perdem tempo ao tomar decisões. Há pouco a hesitar, duvidar, titubear ou oscilar. Os guerreiros não esperam as circunstâncias perfeitas para dar início à longa marcha rumo à vitória, não param quando estão cansados ou assustados, não fogem de uma batalha inevitável, não pedem desculpas por sua ousadia ou força.

Quando há uma conquista, quando veem tesouros em terras além do horizonte, preparam-se e marcham sem cessar. Durante o caminho, têm seriedade, concentração, comprometimento, um centro forte. São sólidos, não importa quanta turbulência e incerteza tentem se aproximar. Seu fogo, sua vontade e sua disciplina são fora do comum, e às vezes fazem com que os outros temam sua ambição, mas sempre conquistam respeito por sua coragem. "Lá vai ela", dizem os observadores à margem da vida. "Aquela pessoa é uma *guerreira* e não vai desistir."

Mas pelo que estamos lutando? Para os verdadeiros guerreiros, esta é uma questão sempre acesa, algo contemplado a fundo. Os guerreiros obtêm orgulho e dignidade de suas respostas a essa pergunta. Seus compromissos são importantes para eles, e cada pequena vitória acerca desses compromissos é registrada, comemorada, integrada à sua identidade, compartilhada alegremente com a sua tribo de companheiros de luta. Têm plena consciência de que são guerreiros, e estão criando um *ethos* guerreiro, uma lenda de quem batalha por coisas importantes para si mesmos, e também por coisas maiores e mais significativas do que eles. *Estão dando sua vida por algo que importa.*

Para nos tornarmos guerreiros mais fortes, devemos acabar com todas as hesitações e desculpas. Devemos nos comprometer a lutar mais e por mais tempo pelos nossos sonhos. Portanto, vamos pôr no papel todas as coisas que estávamos esperando para fazer, junto a todas as nossas desculpas para não fazê-las. Vamos analisar onde temos sido fracos na vida ou progredido com muita lentidão. Então, vamos renovar o compromisso e estabelecer que amanhã, não importa o que aconteça, vamos marchar com coragem em direção aos nossos sonhos, independentemente dos obstáculos no caminho. Sejamos de novo obsessivos e ferozes com relação ao nosso progresso. Os guerreiros são teimosos e intransigentes, têm nitidez sobre o motivo pelo qual lutam, e estão comprometidos com toda a disciplina necessária para vencer a próxima batalha. Pelo destino dos nossos sonhos e pela segurança e abundância das nossas famílias, que o nosso caráter seja sólido dessa forma.

Apaixonado

Durante nossas buscas, não devemos nunca esquecer por *quem* estamos lutando. Existem pessoas de quem cuidamos e que precisam de nós. Nenhuma vitória é doce, e nenhuma vida é gratificante sem alguém com quem comemorar e de quem cuidar. Portanto, vamos dominar nosso papel como *apaixonados*.

Os apaixonados têm uma capacidade impressionante de atrair atenção e adoração por parte dos outros. Têm um interesse vital nos outros, de modo a compreendê-los, cuidar deles, e contribuir significativamente para sua vida. Comunicam-se com o coração, e buscam ampliar o coração das pessoas ao seu redor ao lhes dedicar respeito e empatia.

Este pode ser o papel e a responsabilidade mais difícil de assimilarmos. Nossos relacionamentos exigem *mais* presença, *mais* atenção e *mais* cuidado consciente do que qualquer outra área da vida, mas com muita frequência causamos nossas próprias decepção, tristeza e separação. Pense em todos os relacionamentos destruídos que poderiam ter sido salvos com apenas mais alguns minutos de dedicação, atenção e carinho. Veja só o pai que grita com a filha sem se importar com seus sentimentos ou necessidades. Repare na esposa à mesa, olhando para o celular em vez de conversar com o marido. Lembre-se de quando um ente querido precisava de uma palavra de conforto, mas estávamos ocupados demais. Toda a escuridão e a tristeza causadas nestas situações seriam evitáveis se houvesse um foco maior no amor.

Em um mundo moderno atormentado pela distração, nossa maior tarefa para nos tornarmos apaixonados mais competentes é a reconexão com aqueles que já nos deram seu coração. Precisamos de uma vez por todas parar de perscrutar ao redor e olhar de volta nos olhos daqueles que amamos. Temos de lhes fazer mais perguntas: "Como foi o dia deles, *de verdade*? Quais dificuldades estão tendo? O que os faria se sentir mais vivos e felizes? Como podemos nos conectar e cuidar melhor deles? *Existe uma forma de demonstrarmos ainda mais carinho e admiração por eles?*".

Devemos aprender a parar um pouco todos os dias e pensar na saúde e no crescimento daqueles que amamos, tanto quanto pensamos no crescimento da nossa carreira. Existem rituais que podemos criar para nos aproximarmos? Para reacender o fogo e a paixão? Para fazer nossa vida avançar lado a lado com a da outra pessoa?

Todos fomos formados a partir do amor. Nossa natureza é o amor, nossos corações batem junto a ele, e nosso espírito se eleva com seu poder estimulante. Vamos nos reconectar com nosso coração e com o coração dos outros. Vamos incorporar esse papel com tanta vitalidade e poder que, nos raios brilhantes do nosso amor, aqueles que nos rodeiam fiquem surpresos, radiantes, honrados e revitalizados.

Líder

Há homens e mulheres que contam conosco e que recorrem a nós como exemplo. Eles esperam por nossas ações e orientações. Devemos a tais pessoas a excelência em nosso papel como *líderes*.

O mundo precisa urgentemente de líderes. Como há uma enorme carência deles, muitos indivíduos e instituições avançam cegamente no escuro. A sociedade não está comprometida com as exigências do bom caráter nem com as expectativas de servir ao bem comum. Desse modo, o mundo está contaminado pela ganância, pelas paixões insanas e pela intolerância. Sem líderes no comando da humanidade, o que deveria ser uma alegre jornada coletiva rumo à esperança, à liberdade e à abundância para todos é, em vez disso, uma viagem terrível e à deriva, com crianças mimadas ignorantes e orgulhosas demais para pedir ajuda em um carro desgovernado rumo à catástrofe.

Devemos recomeçar o grande trabalho de exaltação da humanidade.

Nosso tempo exige visão e esforço disciplinado e colaborativo para fazer uma diferença real. Esses fatores são inspirados e mantidos por bons líderes. Então, devemos nos perguntar: "O que pode ser feito para melhorar este mundo que eu influencio? Como posso ajudar outras pessoas a resolver problemas e realizar os próprios sonhos? Quem posso recrutar e treinar para ajudar a conquistar algo notável? Como posso desbloquear o potencial das pessoas ao meu redor de modo que pratiquem mais o bem?".

Talvez, se mais pessoas direcionassem a si mesmas este tipo de pergunta, seríamos capazes de impedir o avanço desenfreado da sociedade rumo a se tornar propensa a se esquecer. No entanto, alguns de nós temem assumir um papel de liderança. Mas qual é a nossa justificativa? No cálculo final do legado da nossa vida, vamos dizer ao Criador que Ele não nos preparou bem o suficiente para a tarefa? Não. Devemos esquecer as desculpas e lembrar o dever de servir a algo maior do que nós mesmos.

Olhe para trás na história. Quando boas decisões e progressos foram feitos nas importantes encruzilhadas de cada época, havia sempre pessoas ousadas e motivadas, com visão clara e vozes seguras. Sejamos *isso* para a nossa geração. O apelo à liderança está por toda parte. Não vamos nos fazer de surdos às necessidades do mundo neste momento de crise. Há coisas para as quais podemos nos voluntariar e liderar em nossos bairros e em nossas comunidades. Existem fontes inexploradas de potencial e poder em nossos negócios. Portanto, vamos tomar agora a decisão de dar o nosso melhor para identificar essas áreas necessitadas, para motivar aqueles que nos cercam, para unir as pessoas em torno de um lutar e de um servir significativos mais uma vez. Para o bem do nosso mundo, é hora de reassumir o comando.

O MOMENTO AGORA

Cada um desses papéis — *observador, diretor, guardião, guerreiro, apaixonado e líder* — está ao nosso alcance a todo momento. Se tivermos a intenção de ativá-los, teremos um *controle do presente* de formas jamais imaginadas. A motivação surgirá. A vida voltará. Uma vibração emanará de todo o nosso ser.

Nenhum de nós jamais vai dominar todos esses papéis simultaneamente. Mas isso não significa que devemos negligenciá-los. Hoje, devemos nos comprometer a estudar esses papéis e a dar o nosso melhor para desempenhá-los com mais presença e potencial.

O brilho do sol da iluminação chega para aqueles que entendem que os momentos da vida não devem passar despercebidos sem serem aproveitados. Podemos sentir esses calorosos raios de esperança se fizermos uma escolha compromissada de não nos apartarmos da nossa vida de forma alguma. Não devemos nos esquivar da realidade do hoje nem desejar uma realidade melhor. Devemos aprender a viver em reverência ao momento e a tudo o que ele *nos* deu e a tudo o que escolhemos dar *a* ele. Podemos escolher os nossos papéis e nossas respostas ao mundo para que, ao longo do tempo, nosso caráter e destino sejam forjados de maneira consciente. A partir destes esforços, vamos redescobrir a imensidão, a liberdade e a dádiva que constitui cada momento divino experienciado.

Declaração II

DEVEMOS RECUPERAR NOSSAS PRIORIDADES

O dia pertence sempre àquele que
trabalha com serenidade e grandes objetivos.
RALPH WALDO EMERSON

A natureza humana nos guia em direção à autossuficiência e à liberdade. Nada pulsa mais intensamente em nossa alma do que o desejo de sermos nós mesmos e de correr atrás de sonhos. E, assim, as grandes alegrias surgem quando somos espontâneos e autênticos todos os dias ao nos dedicarmos a atividades que nos interessam. E as grandes infelicidades surgem quando se acumulam dias e dias em que estamos conformados e estáticos enquanto desempenhamos tarefas pelas quais não nutrimos paixão.

Nessas verdades encontramos uma unidade para medir como nossa liberdade está ou não sendo expressa: nossos *dias* individuais. Passamos o dia de hoje sendo nós mesmos, expressando nossa verdadeira voz, nossos sentimentos sinceros e nosso potencial inato? Passamos a maior parte do dia fazendo atividades significativas, em vez de sermos escravos da distração ou de esforços inúteis?

A vida às vezes pode ser facilmente arrancada de nós dia após dia. Esquecemos o que queremos e nos distraímos. Fazemos o que os outros nos mandam fazer. Dizemos sim para tantas coisas que acabamos sem tempo para aquelas que são importantes para nós. Essa é a realidade das massas.

Mas a liberdade e a excelência pertencem àqueles que dominam seus dias. Eles têm um nível de controle totalmente diferente sobre as prioridades e a direção de sua vida. Seus dias têm significado para essas pessoas, porque sabem que cada dia proporciona tração rumo a um destino específico. É como se elas se imaginassem diante do seu Criador no final de sua vida, tendo de responder às perguntas d'Ele:

Você usou o tempo que lhe dei todos os dias para ser alguém com propósito?

Você seguiu seu próprio caminho e fez seu tempo valer a pena?

Você cuidou do sonho que semeei em sua alma com que grau de fidelidade?

É como se acordassem todos os dias sabendo que essas perguntas viriam. É como se todas as manhãs arremessassem uma brilhante Lança do Propósito nos campos do futuro, e então assumissem a missão de ir buscá-la e arremessá-la mais uma vez para a frente. Em sua luta diária para alcançar o objetivo, eram focados, inflexíveis e diligentes. Se alguma vez se sentiram perdidos, tiveram a presença de espírito de parar e pensar: "Estou no caminho certo? Estou avançando em direção ao que desejo?". Caso se vissem fora de rumo, no vale do desespero e da distração, sabiam que deviam levantar a cabeça, subir a um ponto elevado, conferir para onde o caminho os levava e se era para onde desejavam ir, procurar pela Lança brilhante e se reorientar para ela, a fim de reencontrar a linha do horizonte do seu destino maior. Seguiram esse roteiro com um comprometimento impressionante. Tinham o próprio objetivo na vida e acordavam todos os dias sendo fiéis a essa causa e cheios de paixão por ela. Nunca desistiram, apesar do esforço e das dificuldades, sempre lançando sua intenção para a frente, sempre indo buscá-la, sempre encontrando uma forma para superar ou atravessar qualquer obstáculo, até encontrar a terra dos seus sonhos, ou os anjos, por terem morrido tentando.

O que não fizeram foi desperdiçar seus dias perdidos nem marchando sob a bandeira das ambições de outra pessoa.

Compare suas prioridades de vida com a dos lentos e reclamões do mundo, que não têm direção, são indiferentes e têm medo do trabalho. Eles não conseguem lançar a sua intenção no mundo, ou, se lançam, se deixam distrair em vez de seguir os seus desejos até o fim. Não conseguem olhar além de suas tarefas imediatas para ver para onde estão indo, e preferem a sensação ilusória de progresso por terem concluído alguma tarefa insignificante. São medrosos demais, preguiçosos demais ou atraídos demais pelo ruído das exigências de outras pessoas para correr atrás dos seus próprios sonhos. Não se esforçam com desejo e disciplina de verdade. Dão desculpa após desculpa e contam história após história sobre por que não conseguem avançar ou escalar a montanha. Não sentem responsabilidade alguma de ativar de modo pleno seus potenciais latentes. Vivem sem consciência ou em negação silenciosa, incapazes de encarar a verdade de que suas prioridades na vida estão estranhamente ausentes ou carecem de sentido.

Assim, a marca da grandeza jamais será gravada em sua alma, porque eles não se mantêm verdadeiros e fiéis a si mesmos nem à sua missão.

Somos um ou outro: o esforçado com a Lança do Propósito ou o distraído cheio de desculpa que ficou para trás. Qual vai ser a nossa realidade? Devemos nos permitir ficar sem direção na vida, descolados de qualquer propósito por causa das demandas dos outros e por todas as distrações do mundo? Ou devemos enfim levar a sério o fato de que os dias se tornarão semanas, as semanas se tornarão meses e os meses se tornarão anos e décadas, e uma vida inteira ganha ou perdida, alegre ou remoída, significativa ou desperdiçada?

Façamos deste dia a data em que arrancamos nossas prioridades das garras do conformismo e da distração. Tenhamos um objetivo na vida e avancemos em direção a ele com velocidade e disciplina. Não nos esqueçamos de que os simples esforços e triunfos diários podem acumular peso e embalo de modo a se tornarem uma força imparável rumo a uma existência focada e livre.

Podemos organizar as prioridades de modo que a nossa agenda já não seja objeto de ressentimento, e sim uma coisa bela: um registro impressionante do nosso prazer na vida e do progresso em direção à liberdade e à transcendência. Podemos excluir as tarefas sem sentido do calendário e, neste processo, ascender a padrões e planos mais elevados de alegria e propósito. Podemos, por meio do design consciente e da proteção vigilante do nosso tempo e das nossas prioridades, retomar o controle do nosso destino e tornar cada dia artístico e gratificante.

Mas, para isso, temos de observar de forma contínua e inabalável o hábito de entregar a vida e as prioridades a outros ou a tarefas sem sentido. Precisamos dizer *não* com mais frequência. Temos de nos concentrar mais. Precisamos nos esforçar mais a fim de preservar nosso tempo, nossos sonhos e nossa alma.

Vamos passar a levar a sério os nossos dias e a pessoa que estamos nos tornando por causa deles. Vamos levar a sério o objetivo e o prazer de uma vida significativa. É hora de voltarmos a valorizar o tempo e nos recusarmos a entregar nossa vida às distrações e às bobagens do mundo. É hora de seguir nosso próprio caminho e voltar ao nosso dia. Por isso, declaramos: *devemos recuperar nossas prioridades.*

DESCOLADOS DO CAMINHO

Poucos saberiam dizer, ou dificilmente admitiriam se soubessem, se lhes falta o comando das prioridades gerais da vida. Como identificar isso? Que sinais diriam que nos desviamos do nosso caminho singular na vida? Existem realidades duras e dicas sutis.

Se houver falta de uma expressão verdadeira, de alegria duradoura, de vibração e de satisfação na vida, então nitidamente as prioridades foram comprometidas. Pois quem planeja ter uma vida marcada pelo conformismo, pelo tédio, pela fadiga e pela insatisfação?

Se houver um constante abandono dos sonhos por medo do fracasso, uma tristeza sofrida no dia a dia ou uma consistente falta de progresso em direção ao próprio caminho nítido, então visivelmente não estamos no comando das emoções e progressões diárias.

Podemos ainda perguntar: "Fiquei tão parecido com os outros no trabalho que não sou mais eu mesmo? Estou agindo como outra pessoa para agradar meus pais, amigos ou cônjuge? Acredito em coisas e me comporto de maneiras sobre as quais não refleti, que me causam problemas, ou não estou sendo uma parte verdadeira da minha alma? Tenho a sensação de que as pessoas ao meu redor não fazem ideia de quem sou ou do que eu quero? Segui outras pessoas sem uma reflexão verdadeira sobre minha vontade, e é por isso que tenho este trabalho, ou estudo este tema, ou me dedico a este hobby, ou me sinto preso a este modo de vida?".

É isso, a pista definitiva: sentir-se *preso*. Se uma pessoa se sentir enjaulada em qualquer aspecto da vida, isso é uma revelação óbvia de que ela não tem sido dona das suas prioridades de vida, e sim que tem estado presa aos grilhões do conformismo. Ela tem provido a todos os outros, sido escrava das ideias ou expectativas prevalecentes dos outros, em meio a um jogo no qual nunca quis tomar parte.

O sinal mais sutil é como nos *sentimos* consistentemente com relação à nossa vida. Se conseguimos tudo o que achávamos ser necessário e tudo indica que a vida *deveria* ser satisfatória, mas ainda assim algo parece "fora" de lugar, então sabemos que há um problema.

Se alguém pergunta "Como você está?" e não somos capazes de sentir uma resposta genuinamente feliz surgir de imediato dentro de nós, o que isso significa? Que estamos *fora* do nosso caminho singular na vida.

Isto é especialmente verdade se, ao contemplarmos seriamente a questão, nos virmos respondendo com uma mentira mundana como: "Ah, estou bem, eu acho... Estou... *indo*".

O cartão de visita do conformismo é o "indo".

As coisas estão simplesmente *indo* na vida quando a paixão sangra lentamente de nossas veias. As coisas estão *indo* quando estamos entediados. As coisas estão *indo* quando fazemos o que nos mandaram fazer e estamos cansados disso. As coisas estão *indo* quando dançamos ao ritmo da música de outra pessoa por muito tempo. As coisas estão *indo* quando ansiamos por mais aventura, mais paixão, mais intimidade, mais expressão criativa, mais contribuição, mais motivação, mais independência, mais liberdade, mais vida em nossos dias. Se estivermos apenas indo, não estamos vivos. Não deveríamos estar nos sentindo *incríveis, entusiasmados, emocionados, fantásticos, fenomenais, mais do que gratos*?

Outro sinal sutil de problema é quando regularmente ficamos em *silêncio* sobre coisas que são importantes para nós. Se queremos algo, mas não o pedimos, isso significa que provavelmente vamos aceitar tudo o que nos mandarem fazer ou o que bater à nossa porta.

Devemos nos perguntar: "O mundo tem noção de quem eu sou? Minha família e meus amigos sabem quem eu sou e o que realmente quero da vida? Meus colegas e líderes sabem o que eu realmente quero aprender, com o que quero trabalhar e como quero contribuir?". Se respondermos com um *não*, então evidentemente não estamos sendo nós mesmos nem falando por nós mesmos. Este silêncio revela um medo da rejeição ou um grau nocivo de necessidade de adequação ao que "eles" querem para nós.

> *Neste silêncio conformista não há nada —*
> *nenhum sinal de vida, nenhuma pulsação,*
> *nenhum estalo nem rompante de individualidade.*

Nesse silêncio, o sofrimento se instala. Não devemos esquecer nunca que o fato de nos manifestarmos, dizendo ao mundo o que queremos e desejamos, é uma prática fundamental para uma vida livre.

A última indicação definitiva de que as prioridades de uma pessoa não são as dela é a constante falta de foco. É aquela distração terrível e interminável do mundo moderno que rouba o propósito e o progresso da vida. Está chegando a hora decisiva para a humanidade, quando recuperamos a nossa atenção ou corremos o risco de nos tornarmos emocionalmente viciados na tecnologia, em dispositivos que, de alguma forma, embora desprovidos de alma ou intenção, nos controlam mais do que nós os controlamos. A humanidade está rapidamente se tornando escrava de suas próprias ferramentas. As horas do dia se esgotam na olhadinha, na atualização e no rolar de tela, e com que objetivo? É como se estivéssemos à deriva em um fluxo digital no qual jamais escolhemos entrar de modo consciente. E começamos a nos afogar. Assim que damos início a uma tarefa *significativa*, nos sentimos compelidos a consultar algo irrelevante. Mal sobrevivemos a um único dia sem sofrer de abstinência do navegador ou de amnésia dos aplicativos — aqueles longos intervalos em que nos perdemos em uma interminável sequência de cliques e *scrolls* que roubam nosso impulso e não deixam vestígios de propósito ou realização verdadeiros.

No entanto, muitas pessoas parecem produtivas, ocupadas com inúmeras tarefas, atentas a tudo que é desimportante em graus infinitos. Nessa era do eu quantificado, medimos quantas horas dormimos, os passos que damos, as calorias que queimamos, as páginas que visualizamos. Documentamos todos os movimentos pessoais em fotos e vídeos. No entanto, não sabemos nada sobre nós mesmos. Passamos mais tempo contemplando nossas estatísticas do que nossa alma. Exploramos a experiência de vida em busca de dados, mas não de profundidade. Temos todos esses números para melhorar, mas não fazemos ideia de como reduzir o torpor. Não importa o volume de dados, estamos nos afastando da nossa própria vida e nos tornando *voyeurs*, espiando boquiabertos os detalhes sórdidos da vida de outras pessoas para nos sentirmos conectados ou entretidos.

Se quisermos medir, monitorar e melhorar alguma coisa, que seja a nossa história, o nosso caráter e a nossa conduta — uma consciência de quem somos e de como estamos vivenciando e nos relacionando com o mundo. Recuperar as prioridades da vida é perguntar: "Tenho orgulho de quem sou e da pessoa que estou me tornando? Estou feliz com o que estou fazendo e com a contribuição que dou para o mundo? Sinto gratidão por este dia e pelas suas oportunidades, e avancei com propósito rumo a poder viver a minha verdade mais elevada, e oferecer meu bem mais elevado?". Façamos essa autoanálise, pois, no fim das contas, essas são as únicas medidas que importam.

O momento decisivo vai chegar quando decidirmos continuar a deslizar rumo ao vazio do fluxo digital profundo, clicando, curtindo e nos afogando em distração, ou assumir um ponto mais estratégico, longe de todo o ruído e, por fim, depois de todo esse tempo, escolhermos focar novamente no que importa de verdade na vida.

Devemos nos perguntar sem medo o que isso diz sobre nós mesmos se não conseguirmos abandonar o vício em distrações digitais. Pois isso é um vício; não estamos em melhor situação do que o alcoólatra que não consegue evitar o bar ou o apostador que não evita cassino. Aqueles com compulsão de conferir as redes sociais constantemente levam vidas assim: acordam todos os dias e a primeira coisa que fazem é olhar as mensagens deixadas pelos outros, sempre com medo de terem perdido algo que outra pessoa queria, por capricho, apenas algumas horas ou minutos antes. O segundo esforço é dividir o dia com base não no que deveriam realizar na busca dos seus sonhos, e sim nas horas que devem dedicar respondendo às necessidades e demandas alheias. Essas pessoas respondem com igual frenesi e devoção a todo mundo, sejam os influenciadores ou os idiotas, pois seu vício em atender às carências dos outros não faz distinção, não elege prioridades. Durante todo o dia, estão ocupadas sem realizar coisa alguma, mas respondendo a tudo. Não há ação, apenas reação — um terror inventado por elas mesmas de que estão ficando para trás. Seu objetivo na vida, se assim podemos chamar, é se "inteirar" de tudo, se "atualizar" em uma corrida desenfreada na qual nunca deveriam ter entrado e que jamais vão vencer.

Este não precisa ser o nosso destino se tivermos a coragem de assumir a responsabilidade de dirigir a nossa própria vida e voltar a avançar rumo a objetivos significativos todos os dias, não importa o que aconteça. Devemos escolher este dia para enfim sermos mais específicos com relação ao que queremos, e ao que vai merecer nossa valiosa atenção.

CLAREZA QUANTO AO QUE É SIGNIFICATIVO

O que vai nos dar a sensação de que estamos mais uma vez no comando das nossas prioridades? *Clareza. Direção. Progresso.*

Começamos a desenvolver clareza sobre o estado atual das nossas prioridades de vida quando percebemos que toda experiência humana está dividida em dois campos: atividades significativas e atividades não significativas. Isso nos obriga a fazer uma distinção nítida na hora de avaliar nossos dias. *Tenho a sensação de que o que estou fazendo em cada dia é significativo? Todo esse esforço intenso está de acordo com o que considero ser o trabalho da minha vida?* Estas são as questões das pessoas determinadas. Elas nos fazem reavaliar tudo — cada tarefa, responsabilidade e oportunidade que o mundo nos apresenta devem agora ser questionadas sobre se estão ou não alinhadas com os nossos objetivos, se nos dão ânimo ou não, se permitem ou não que nos sintamos realizados. Para as atividades que não cumprem tais requisitos, devemos, sem piscar, nos livrar de uma vez por todas da crença de que precisam ser feitas.

Alguns vão reclamar desta tarefa. Vão dizer: "Mas não gosto das minhas respostas. Você não entende. Tenho que fazer esse trabalho terrível. Meu dia de trabalho não é uma escolha minha". Para aqueles que acreditam nisso, só o tempo e a maturidade podem ajudar a descobrir a verdade: o trabalho, assim como as emoções, é, em última análise, uma escolha. Se vamos exercer ou não esse poder, está em nossas mãos. Se não gostamos do trabalho que temos, existem três opções:

- Continuar a odiar o que fazemos;
- Mudar de perspectiva e encontrar significado e alegria em nossas tarefas atuais; ou
- Largar esse trabalho que não desperta paixão e procurar um que faça nossa alma cantar.

Espera-se que todo mundo, em determinado momento, mas o mais rapidamente possível, escolha a última opção.

Temos de largar todos os empregos que odiamos? Não. Sem dúvida, podemos permanecer em qualquer emprego e ter sucesso — a grandeza pode ser cultivada no solo de qualquer experiência. Mas todos sabemos que as sementes da grandeza germinam com mais agilidade no coração daqueles que desempenham um trabalho que amam do que no coração amargo daqueles escravizados por um trabalho que odeiam.

Alguns dedicam a vida inteira a trabalhos de que não gostam porque nunca têm a determinação de perguntar: "E se eu fosse livre e forte o suficiente para encontrar algo mais envolvente e gratificante? E se o mundo não estiver me dando o que eu quero porque, de acordo com todas as minhas distrações e falta de disciplina a respeito de um objetivo, simplesmente não está nítido o que eu estou pedindo?". Por meio de perguntas ousadas como essas, nós nos damos um chacoalhão e liberamos um novo tipo de desejo e de força interior.

DEFININDO UMA DIREÇÃO: UM MANIFESTO ESCRITO

Devemos ir além. Em acréscimo à avaliação da nossa experiência de vida atual e de ter clareza quanto a se os esforços dos nossos dias são ou não significativos para nós, devemos definir um rumo novo e mais proativo para nossa vida.

- Qual será a nossa missão daqui por diante?
- Qual será o nosso plano de ação?
- Quais passos devem ser dados?

Essas questões não são uma sugestão filosófica. Deveríamos nos sentar agora com uma caneta na mão e escrever o foco e a direção da nossa vida de agora em diante. Na ausência de declarações e diretrizes de vida — escritas, revisadas, atualizadas, vividas — que sejam nossas, vamos mesmo nos misturar ao rebanho. Acabamos onde "eles" nos levam, nos querem, onde quer que o vento sopre, independentemente das nossas esperanças e intenções. Essa vida não é a que queremos.

Então, agora, neste momento mágico da nossa vida repleta de paixão e escolha, vamos nos sentar e escrever. Vamos retomar o nosso dia de amanhã descrevendo nossos sonhos hoje à noite. Devemos nos perguntar:

- O que eu *realmente* quero da vida?
- O que eu *verdadeiramente* quero criar e oferecer?
- Que tipo de pessoa quero apresentar ao mundo todos os dias?
- Que tipo de pessoas devo amar e com elas dividir minha vida?
- Que grande causa vai me manter ativo quando eu me sentir fraco ou distraído?
- Qual será meu legado, em última instância?
- Quais passos devo tomar para iniciar e manter essa empreitada?
- Qual será o foco dos meus dias para que eu concretize algo esta semana? Este mês? Este ano?

Sim, devemos fazer essas perguntas no que será o nosso próprio manifesto, nossa própria declaração escrita sobre o que será a nossa vida.

Aqueles que não têm esse registro devem parar de se enganar e de *achar* que estão no comando de própria vida. Porque, sem essa autodireção, seremos apenas navios tristes levados pelo conformismo. Intenções e reflexões ocasionais sobre a vida são insuficientes para impedir que alguém se conforme ou perca seus dias para distrações. Há uma razão pela qual os países escrevem e seguem as suas declarações, constituições e leis. Não importa quão forte seja uma sociedade, não importa sua intenção, cultura ou vontade popular: sem diretivas escritas tudo se perde na aleatoriedade do comportamento humano. É por isso que devemos escrever, é por isso que devemos reler nossos manifestos, e é por isso que devemos agir em consonância com as prioridades que estabelecemos para nós mesmos.

Depois que tudo estiver anotado, devemos acordar no dia seguinte e organizar o dia e a semana para começar a avançar e a concretizar essas coisas. Devemos lutar por essas coisas. Devemos aproveitar a manhã para lembrar o que estamos buscando e para escrever metas específicas para o dia, dedicando certo tempo nessa primeira hora para planejar a agenda. Essa preciosa primeira hora não deve ser desperdiçada, pois os nossos sonhos noturnos podem ser facilmente esquecidos à luz do dia. Devemos usar a manhã virgem para definir um cronograma que seja nosso, antes que o mundo empurre as necessidades corrompidas dele para cima de nós. Sim, acorde e escreva mais um pouco. *Que pessoa serei hoje? Atrás de quais sonhos vou correr? O que vou criar e concretizar, não importa o que aconteça? A quem vou dar valor, amor ou apreço? O que vou fazer ou experimentar que vai me ajudar a me sentir realizado e grato quando colocar a cabeça no travesseiro à noite?*

Isso é o que se pode chamar de viver de maneira intencional e independente. É assim que vivem as pessoas motivadas. Isso é manifestar uma vida mais livre. Todo o restante é desejo e esperança, uma descida constante rumo à mediocridade, a batida enfadonha de uma vida reativa e inconsciente.

PROGREDIR APESAR DAS OBRIGAÇÕES

Para alguns, essa conversa sobre retomar nossa vida vai soar fora de alcance, não porque questionem seu potencial, mas porque se sentem obrigados a sufocá-lo em detrimento dos outros. Essas pessoas dizem: "Você não entende; preciso atender às necessidades de muita gente. Meu dia não é uma escolha minha, porque todo mundo ao meu redor precisa ser amado e cuidado. Tenho de sacrificar meus sonhos e a busca por coisas significativas no altar do amor ou da obrigação. Tenho de agradar a todo mundo, por isso não consigo progredir nem ter minha própria alegria e liberdade". Para essas pessoas, também são necessários tempo, maturidade e aquela grande revelação que é o poder de escolha.

Ninguém à nossa volta pode nos impedir de avançar rumo aos nossos sonhos. Acreditar no contrário é aceitar o papel de vítima. Nosso dia, em última instância, é escolha nossa.

Então, o que pode ser feito? Devemos abandonar todos aqueles que precisam de nós para que possamos ter a vida que desejamos? Talvez a escolha mais madura seja aprender novas formas de proteger os nossos desejos e sonhos ao passo que cumprimos os papéis que escolhemos na vida. Podemos ser boas mães e, ainda assim, nos esforçarmos zelosamente todos os dias em direção aos nossos sonhos. Podemos ser bons líderes que ajudam os outros a ir além, ao mesmo tempo que nos esforçamos com diligência para alcançar os objetivos do dia.

Para lidar com as necessidades alheias e ao mesmo tempo manter as prioridades, devemos aprender o impressionante poder do *não*. Não existem regras por escrito em lugar nenhum que diga que devemos dizer *sim* para cada pedido que chega às nossas mãos ou queima nossos ouvidos por causa dos lamentos de um resmungão.

Isso não significa que não podemos ser amorosos e responsáveis para com aqueles que precisam de nós e quando isso nos traz alegria. Se amar e cuidar de determinadas pessoas é justamente o que consideramos significativo, então devemos fazer exatamente isso. Levar as filhas ao futebol não é uma distração se traz sentido aos nossos dias. No entanto, não devemos deixar que as verdadeiras distrações do mundo, os aproveitadores de ocasião ou oportunidades aleatórias nos roubem com frequência o dia que planejamos ter.

Para a maioria das pessoas, não saber dizer *não* é o ponto em que sua vida se transforma em um emaranhado de estresse e infelicidade. É fácil identificar indivíduos assim, pois adotam constantemente o papel de vítimas diante dos desejos do mundo. Sua vida parece sempre um martírio, uma lista de tarefas que lhes são impostas pelos outros. Podem ter uma aparência esgotada e agitada, sufocados por prazos cada vez mais curtos que não escolheram nem planejaram. Muitas vezes parecem aguardar instruções e direção, portanto a agenda deles é composta mais de esperas do que de um plano de ação. Ficam empacados na vida porque nunca superam seus desejos tímidos de agradar aos outros. Seu único esforço verdadeiro é se adequar aos desejos e horários do mundo e, assim, não existe arte nem arco intencionais em sua semana, ano, década ou vida. A vida deles é dura e cansativa, sob o peso do controle e das expectativas alheias.

Todos nós enfrentamos o eterno drama de equilibrar necessidades e ambições particulares com as das pessoas que amamos, lideramos e servimos. Mas não devemos sucumbir à vitimização. Outras pessoas vão sempre demandar tempo e atenção, incluindo aquelas que amamos e com quem nos importamos. Nossos pais vão querer nossos ouvidos com mais frequência do que queremos disponibilizar. Nossos amigos e vizinhos vão nos convidar para festas e encontros. Teremos obrigações em nossas igrejas, partidos políticos e organizações de voluntariado. Teremos chefes que esperam disponibilidade 24 horas por dia e respostas imediatas.

Mas como devemos responder a tais demandas? Se dissermos *sim* a todos eles, vamos ser soterrados. Nossa única escolha é dizer *não*, e dizer com *frequência*, dizer *mais* do que gostamos ou do que qualquer outra pessoa gosta. As únicas exceções devem ser os casos em que consideramos que dizer *sim* é pessoal e socialmente significativo, e parte do avanço em direção à vida ideal. Será preciso atenção, porque sempre haverá uma parcela de pessoas carentes capazes de farejar nosso desejo de agradar. Elas vão atacar como corvos vindos dos céus, mergulhando repetidas vezes enquanto devoram nossa vida pedaço por pedaço. É o colega de escritório que está constantemente pedindo um favor aleatório, a ex-namorada sempre ligando com drama e precisando de ajuda, o funcionário que ajudamos uma vez e que agora se recusa a mexer um dedo para fazer um trabalho de verdade. Essas pessoas vão aparecer e não vão se importar com as nossas prioridades nem com o nosso destino. O oportunismo delas vai nos atormentar se não formos firmes ao dizer *não*, *não* e *não*. Devemos aprender a responder de forma habilidosa e muitas vezes enérgica àqueles que sempre dizem: "Desculpe por estar pedindo mais um favorzinho". A eles, devemos responder: "Não posso ajudar agora. Tenho planos que não podem esperar e não há espaço para a sua urgência".

Ao fazermos isso, não precisamos pedir desculpas, da mesma forma que não o pedimos à pessoa que bate em nosso carro quando tínhamos prioridade no trânsito. Podemos ser hábeis, se necessário: "Gostaria muito de poder ajudar, mas infelizmente não tenho como responder ao seu pedido de última hora porque minha agenda está cheia de atividades e projetos marcados há muito tempo, com os quais já me comprometi".

A forma como lidamos com os inimigos do nosso próprio progresso é um indicativo do nosso caráter e da nossa independência. Vamos estar condenados se subordinarmos as prioridades do nosso dia a todas as demandas ou crises alheias. Ao satisfazer as necessidades dos demais, que normalmente são pressas inventadas ou urgências surgidas apenas da falta de preparação ou responsabilidade, perdemos uma hora irrecuperável que poderia ter empurrado a nossa própria vida para a frente. Por essas razões, devemos recuperar as nossas prioridades com firmeza. Devemos olhar para as pessoas agressivas aleatórias do mundo, para as inúmeras pessoas necessitadas, para as que não estão na nossa lista daqueles que queremos amar, cuidar e atender. Não há como deixar isso mais claro. Não devemos ter medo de dizer: "Não, eu não posso ajudar você agora".

E, então, devemos nos comprometer a não permitir que as simulações de incêndio de outras pessoas resultem em incêndios de verdade que atrapalhem os nossos sonhos. As exigências dos caprichosamente necessitados ou dos constantemente mal preparados não são problema nosso. A vida dessas pessoas não são nossa responsabilidade.

Assimilar essa verdade é libertador: *eu não sou responsável pelas bagunças que os outros criaram em sua vida e não preciso salvar todo mundo.*

O que podemos esperar por permanecermos firmes e fiéis às portas das nossas prioridades? O que acontece quando dizemos *não*? A maior parte das pessoas vai entender e, com o tempo, passar a nos respeitar e a nos deixar em paz.

Mas não devemos nos iludir: haverá um pequeno grupo de pessoas que vai ficar com raiva. Elas não vão gostar do nosso livre-arbítrio e da nossa independência. Vão tentar nos ridicularizar ou nos fazer sentir culpados. Podem perguntar: "Quem você pensa que é?". Podem se sentir desprezadas e dar início a uma cruzada amarga para nos fazer voltar a ser seus peões, para nos forçar ou gentilmente nos conduzir de volta às suas mãos, para nos colocar de volta dentro do conceito delas de como devemos tratá-las. Muitos vão argumentar que temos uma *dívida* permanente com elas pelo seu amor e sacrifício: "Como você ousa me dizer não? Como pode me deixar sozinho depois de eu ter feito tanto por você? Como pode não atender este pequeno pedido?". Diante de tal artifício, não devemos fazer concessões, caso contrário corremos o risco de sermos arrastados para uma teia cada vez mais pegajosa de exigências. Vamos descobrir que, quanto mais dissermos *não*, maior será a probabilidade de as pessoas encontrarem outra pessoa para incomodar ou de se tornarem mais autossuficientes no vácuo da nossa disponibilidade constante.

Sim, vamos despertar antagonismo, perder apoio, quebrar pactos de lealdade e colocar nossa popularidade em risco. Isso vai acontecer cada vez mais à medida que ganharmos mais vontade e liberdade na vida. Que assim seja!

Nenhuma grande pessoa jamais fez história sem sentir culpa ou sofrer alguma retaliação daqueles que não gostavam ou não admiravam a independência, disciplina ou obstinação delas.

Portanto, que os chatos reclamem. Deixe que fiquem rangendo de ansiedade ou raiva à toa. Depois de dias, semanas e meses protegendo nosso território, recusando ceder à culpa ou à pressão, reiterando de forma convincente que temos de correr atrás dos nossos próprios sonhos, vamos descobrir que os *bullies* exigentes e os idiotas desatentos enfim nos deixaram em paz. Então, livres da opressão social formada pelas demandas alheias que nos distraem, somos livres, liberados para criar e conceber nossa própria vida na recém-aberta tela em branco do tempo. *Quanto mais dizemos não às pessoas carentes, mais a vida se abre para corrermos atrás das nossas paixões e da nossa felicidade, e para servir e passar nosso tempo com aqueles que amamos.*

Mas o que fazer quando são os nossos entes queridos que constantemente demandam de nós ou nos desviam do nosso caminho? Sejamos pacientes com eles, mas honestos. Devemos lidar habilmente com qualquer pessoa que atrapalhe a missão do nosso dia, incluindo os familiares. Na maioria das vezes, isso significa simplesmente clamar pelo nosso espaço durante alguns períodos. É dizer ao nosso filho: "Filho, sua mãe precisa das próximas duas horas para se concentrar em um projeto muito importante que significa muito para ela. Por favor, não entre no escritório". Dito isso, somente a maturidade na criação dos filhos vai impedir o menino de entrar — devemos nos manter firmes. Podemos orientar nossos filhos ou colegas de equipe para que, quando a porta do escritório estiver fechada, eles não entrem, a menos que seja uma emergência. Podemos pedir amorosamente que o nosso cônjuge nos conceda uma hora todas as noites para lermos, meditarmos ou criarmos. Podemos dizer não às festas, aos encontros, aos eventos formais aos quais nos sentimos muitas vezes obrigados a ir. Podem haver caras feitas no começo, mas, com o tempo, as pessoas vão perceber que somos *pessoas com propósito* e vão nos dar espaço, cientes de que quanto mais respeitarem nossa agenda, maior será a probabilidade de encontrarmos tempo para estar com elas.

Nosso objetivo não é que nos tornemos frios nem distantes. É proteger a sanidade, o progresso e a liberdade. Vale a pena repetir que podemos e devemos dedicar tempo e atenção àqueles que amamos e lideramos — *quando assim desejamos*. Ser bom para aqueles que nos rodeiam é certo e responsável, mas nunca à custa da nossa sanidade ou dos nossos sonhos a longo prazo. Além disso, não é verdade que, por dizermos *não* mais vezes ao que não queremos, ficamos com mais tempo livre para dar uma atenção mais amorosa aos que nos são próximos?

Alguns perguntam: "Não deveríamos fazer concessões? Será que não existe meio-termo entre os nossos desejos e as necessidades daqueles que nos cercam?". Talvez. Mas há uma diferença entre acrescentar algumas tarefas à agenda do dia para servir aos outros e *comprometer todas as nossas prioridades*. Quando se trata de renunciar às nossas verdadeiras paixões e ao nosso caminho de vida para agradar aos outros, não devemos nunca fazer concessões. Conceder significa dar algo, algo em troca da disposição de outra pessoa de fazer o mesmo. Mas não devemos dar a ninguém um pedaço inteiro do nosso sonho nem uma década da nossa vida. Sim, podemos ajudar e amar os outros em nossa trajetória rumo à Liberdade Pessoal. Mas não devemos desperdiçar tanto tempo de modo que a nossa própria liberdade fique totalmente comprometida. Podemos dar conta das nossas verdadeiras responsabilidades e cuidar dos entes queridos, mas o nosso próprio progresso jamais deve desacelerar ou parar, para não nos tornarmos escravos do mundo. Se, ao ajudar os outros, matamos os nossos próprios sonhos, então é apenas o nosso ego procurando nos transformar em um falso mártir.

Devemos manter uma perspectiva mais ampla em mente. Um milhão de sonhos morreram porque almas fizeram concessões e repetiram a mentira dos fracos: "Tudo bem adiar as minhas necessidades e sonhos por mais alguns anos, as pessoas precisam de mim". Assim, não vamos fazer nada além de atender às necessidades dos outros o dia inteiro, até que, nas últimas horas, vamos nos retirar para nossa cama, exaustos pela loucura, nem um passo mais perto do que queríamos na vida, e vamos dormir inquietos, apenas acordando novamente em um mundo determinado pelos outros e não por nós mesmos. Não, não podemos comprometer nossos sonhos nem negociar o nosso destino hora após hora.

*Se pudermos ver um sonho à distância, avancemos em
direção a ele com verdadeira força, vontade e consistência.*

Fazer menos que isso é deixar o sonho murchar e morrer. Podemos cuidar dos entes queridos durante algum tempo, aparecendo e ajudando — mas isso não exige a *suspensão* completa dos nossos sonhos. Todos os dias podemos fazer *alguma coisa* para levar nossas próprias prioridades adiante.

Talvez também seja hora de parar de enxergar os outros como obstáculos aos nossos sonhos, e sim como colaboradores. Já nos sentamos com entes queridos e lhes dissemos o que realmente desejamos da vida, e por quê? Será que já pedimos às nossas equipes que ajudassem a debater novas formas de trabalhar em conjunto para que todos os nossos desejos sejam atendidos? Estamos nos relacionando com outras pessoas a fundo o bastante para que nos deem apoio e participem das atividades da nossa vida? O progresso real muitas vezes surge quando fazemos das pessoas aliadas em nossa realização.

A GRANDE PROCLAMAÇÃO

Todos os dias temos a opção de atender aos desejos e aos caprichos do mundo ou trilhar nosso próprio caminho. Se abandonarmos a autodeterminação, vamos ficar à deriva em um mar de caos, e as únicas coisas no horizonte serão ondas de tédio e de sofrimento. Portanto, nossa postura todas as manhãs deve ser a de que *este* é o nosso dia, não importa o que aconteça. Se conseguirmos começar com essa intenção, se desenvolvermos clareza e escrevermos os nossos próprios manifestos e planos e os executarmos com paixão e disciplina, se nos mantivermos firmes, lutarmos até o fim e permanecermos no comando, de repente, um dia, vamos nos ver de volta no controle do leme, felizes, motivados, vivos.

Declaração III

DEVEMOS DERROTAR NOSSOS DEMÔNIOS

Uma pessoa que duvida de si mesma é como um homem que se alista nas fileiras dos seus inimigos e pega em armas contra si próprio.
ALEXANDRE DUMAS

À medida que conquistamos maior presença e propósito na vida, ficamos mais sintonizados com a nossa vitalidade e a nossa força. Também nos tornamos mais conscientes dos caminhos que podem nos limitar. Aprendemos que os pensamentos, mais do que as circunstâncias, sabotam a liberdade e o sucesso. Somos nós que deixamos que inseguranças e medos se transformem em ondas de preocupação que varrem nossos sonhos. Somos nós que retardamos constantemente nosso próprio progresso, jogando a toalha justamente no momento que uma ação corajosa se faz necessária. Somos nós que nos afastamos dos outros para não precisarmos arriscar uma conexão real, ou para podermos nos sentir melhores do que eles.

Nenhum de nós quer se olhar no espelho e perceber que a pessoa no reflexo é a causa de tanta frustração. Preferimos sorrir diante da própria imagem e ficarmos orgulhosos de sua coragem. Queremos nos enxergar como donos de nossas próprias vidas, livres e motivados. No entanto, uma rápida olhada em nossos olhos cansados muitas vezes revela que estamos atrapalhando a nossa própria caminhada. Muitas vezes nos pegamos murmurando para o espelho: "Você de novo? Por que não consegue se recompor e correr atrás do que deseja de verdade? Por que não está assumindo mais riscos, se expressando mais abertamente, sendo mais consistente, se conectando melhor com as pessoas?". São dias difíceis em que percebemos que os nossos demônios internos estão nos vencendo. Esses dias precisam chegar ao fim. Já!

A grandeza pertence àqueles que dominaram seu mundo interior. Todos somos atormentados pela dúvida, mas mesmo assim os grandes encontram fé e dão o primeiro passo. Todos sentimos vontade de adiar a ação, mas os grandes continuam a marchar. Todos queremos evitar a vulnerabilidade ou agir com superioridade com relação aos outros de vez em quando, mas os grandes demonstram abertura, humildade e amor de maneira consistente. Esses poucos não têm sorte; são simplesmente mais determinados e mais experientes na hora de derrotar seus demônios internos. É por isso que têm tanta vitalidade, motivação e confiança — a iluminação chega para aqueles que se libertam da auto-opressão.

Vamos optar por fazer disso o nosso objetivo e, de uma vez por todas, erradicar aquilo que nos impede de avançar na vida. Merecemos estar livres de todas aquelas turbulências dentro de nós que comprometem a nossa magnificência. Por isso, declaramos: *devemos derrotar nossos demônios.*

O INIMIGO INTERIOR

É impossível lutar contra um inimigo desconhecido, então vamos primeiro dar um nome ao adversário. Como ele atrapalha nossa vontade de avançar na vida, vamos chamá-lo de *Desafio*.

Para dramatizar seu efeito e a nossa batalha contra ele, vamos também lhe dar uma forma, uma que possamos visualizar e procurar destruir. Imagine o Desafio como uma horrorosa serpente de três cabeças que se remexe no fundo de nossas entranhas sempre que queremos correr riscos. Quando esse monstro se contorce, sentimos um frio no estômago, aquela terrível sensação de que não somos capazes ou de que as coisas podem acabar de maneira trágica. Seus movimentos nos fazem ficar doentes de preocupação. Isso nos faz sentir tão fracos e descrentes que paramos de agir ou de nos conectar com outras pessoas. É o organismo interior que age a partir dos nossos impulsos mais vis de autoproteção.

Ninguém escapa sem lutar contra essa fera. A mulher que nunca dá início ao seu próprio negócio por causa do terror constante está nas garras dela. O pobre sujeito que começa e para suas ações durante a vida toda, sem nunca ganhar um impulso de verdade em direção aos seus objetivos, está sendo destruído por ela. O empresário egoísta que vê seus companheiros de equipe como idiotas ou concorrentes está sendo seduzido por ela. Sempre que estabelecemos uma ambição maior para nós mesmos, essa fera desagradável nos corrói por dentro, minando a confiança e nos consumindo de dentro para fora, nos transformando em medrosos e covardes.

De onde veio o Desafio, e como ele ganhou esse poder?

Ele cresceu a partir das sementes do medo que nos foram lançadas pelos tiranos do mundo: os precavidos demais, que nos ensinaram a privilegiar a dúvida em detrimento da fé; os seguidores apáticos, que nos mostraram como privilegiar a procrastinação em detrimento da ação; os cruéis, que nos enganaram ao nos fazer optar pela artificialidade e pelo retraimento social em detrimento da autenticidade e do desejo de aproximação. No fim das contas, eles eram a mesma pessoa — todos propagadores do medo, tiranos que desde cedo plantaram as sementes do pavor dentro de nós. Os pensamentos negativos que colocaram em nossa cabeça alimentaram essa fera interior, e agora ela cresce em poder sempre que nos ouvimos pensar: "Não sou bom o suficiente. É melhor eu parar de fazer o que amo porque estou com medo. Não sou digno de confiança e respeito, e os outros também não são". Os *bullies* do mundo podem ter nos conferido tais pensamentos. Mas foi o nosso fracasso em silenciá-los que deu origem à luta interna que enfrentamos hoje. Com a própria fraqueza e desatenção, demos ao Desafio o poder que ele tem.

À medida que nos tornamos mais conscientes, aprendemos a sentir essa besta como algo alheio à nossa natureza. Conseguimos detectar quando ela se agita dentro de nós, percebendo uma onda repentina de tensão e estresse em nosso corpo. Podemos ouvir seus gemidos e rugidos saindo de nossas entranhas e se transformando em pensamentos intensificados pelo medo: "Não tenho *certeza*! O *momento* pode não ser este! *Eles* não vão me entender nem me deixar vencer!". Conseguimos perceber que esses sentimentos em nosso corpo e esses sons em nossa cabeça não são do nosso eu mais elevado, e sim de uma voz interna do Desafio, a quem não precisamos mais alimentar.

> *O Desafio pode rugir o quanto quiser, mas temos*
> *como opção ignorá-lo da mesma forma que faríamos*
> *com um cachorro latindo irritantemente.*

Ele pode mudar e provocar pontadas de preocupação ou de ódio, mas podemos nos acalmar ao assumir o controle dos próprios pensamentos e ações. Com a prática, aprendemos a exercer o comando total e silenciar de uma vez por todas esse demônio interno. Se tivermos êxito, vamos começar a alcançar nosso pleno potencial pessoal.

TRANSFORMANDO A DÚVIDA A PARTIR DA FÉ

O Desafio é um inimigo feroz. Para enfrentá-lo, devemos entender quem é essa serpente asquerosa, compreendendo o caráter definidor de cada uma de suas cabeças nojentas.

Vamos imaginar que a primeira cabeça do Desafio se assemelha à de uma enguia pálida e doentia. Experimentamos isso como uma *sensação de incerteza* na boca do estômago, que aumenta até ouvirmos uma série de pensamentos hesitantes na cabeça. Seu som em nossa mente é um choro alto e familiar, como a voz de uma velha amiga a que damos o ombro e que o usa apenas para compartilhar suas preocupações e inseguranças. Embora possa parecer patética, não devemos subestimá-la. Sua única função insidiosa é fazer com que nos preocupemos até ficarmos doentes, para que evitemos o risco ou o esforço em si que a destruiria. Por estas razões, vamos chamá-la de *Dúvida*.

A Dúvida surge quando lutamos por algo novo ou melhor. Ela percebe que nos momentos que a nossa ambição cresce, sua própria existência está em risco — pois, se nos impusermos repetidas vezes e alcançarmos os objetivos com confiança, então ela será destruída. A única coisa que a Dúvida pode fazer para sobreviver é desviar a nossa força, choramingando e cantando a sua canção pessimista: *Não tenho tanta certeza assim, não tenho tanta certeza assim, não tenho tanta certeza assim...*

Inevitavelmente, seus tons melancólicos afetam a maioria das pessoas. Elas não conseguem lidar com as preocupações incessantes da Dúvida e logo ficam presas em recorrentes pensamentos negativos. *Não tenho certeza se é hora de largar meu emprego. Talvez não seja o momento certo para me mudar para algum lugar de que gostaria. Ela provavelmente vai recusar se eu a chamar para sair. Não acho que seja uma boa ideia seguir minhas paixões ou agir por mim mesmo.*

Os momentos precisos em que a Dúvida começa a se sobressair em nossa vida são previsíveis. Ocorrem quando os pensamentos de dúvida se transformam em palavras reais — no momento que começamos a nos perguntar "E se...?", e então completamos a frase com uma declaração negativa:

E se... não der certo?
E se... eu não conseguir lidar com isso?
E se... eu não for bom o suficiente?
E se... eles não gostarem de mim?
E se... eu perder?
E se... eu não tiver como voltar atrás?
E se... eles se aproveitarem de mim?

Essas são questões de uma mente envenenada pela Dúvida, não fazem parte da nossa melhor versão de nós mesmos.

A *permissão* e a *repetição* de tais dúvidas impedem a maioria das pessoas de viver uma vida livre e plena.

Não poderá haver progresso concreto se questionarmos sem cessar o nosso próprio rumo e as nossas habilidades. No entanto, o maior dano causado pela Dúvida não é só o que deixamos de *fazer*; é quem deixamos de nos *tornar*. Desenvolvemos caráter apenas por meio de esforço, luta e aprendizado e, quando a Dúvida está em nossos ouvidos, nunca optamos por nenhum dos três. A Dúvida produz apenas homens e mulheres pequenos, com medo das suas sombras — um mundo de pessoas preocupadas e acanhadas que nunca se arriscam nem servem aos outros.

Então, o que devemos fazer?

Como matar a Dúvida?

Os grandes sábios nos ensinaram que, quando a Dúvida nos acomete, somente a Fé pode nos arrancar de suas garras.

A Fé é uma convicção profunda, uma confiança e uma segurança globais em nossas crenças quanto ao que é verdade.

A convicção vem da escolha — escolhemos acreditar em algo e *nos apegamos firmemente a essa crença*, mesmo diante de inúmeros questionamentos. Temos Fé quando conseguimos suportar a tristeza, o sofrimento ou a perda e manter o otimismo com relação a nós mesmos, cientes de que eventualmente essas contingências vão passar e as coisas boas retornarão. Temos Fé quando acreditamos em nossa capacidade para o sucesso.

Essa crença não precisa ser uma supervalorização das nossas habilidades ou forças atuais. Pelo contrário, a Fé mais poderosa do mundo é a do tipo humilde, que diz: "Acredito na minha capacidade de *aprender* e compreender as coisas. Com foco, tempo, esforço e dedicação suficientes, acredito que posso aprender a fazer o que deve ser feito e me tornar quem devo me tornar a fim de realizar meus sonhos". Se mantivermos esse tipo de Fé para aprender e viver de acordo com o nosso potencial, então a Dúvida dará seu último suspiro em seu leito de morte.

Portanto, hoje à noite, em meio ao silêncio e à magia das últimas horas, vamos pegar nossos diários e escrever mais uma vez todas as razões que temos para acreditar em nós mesmos e neste mundo. O que já fizemos na vida que não sabíamos que podíamos? Quais razões podemos encontrar para acreditar que amanhã seremos melhores, e que o mundo se abrirá para nós? Por que vamos continuar a acreditar em nós mesmos e em nossos sonhos, mesmo nos dias difíceis? Sim, vamos escrever estas respostas. Vamos nos forçar a fazer esta atividade aparentemente simples. Porque, ao escrevermos nossas crenças, a própria Fé é fortalecida. E então, da próxima vez que a Dúvida aparecer, lembre-se do que escreveu. Lembre-se daquilo em que acredita. Substitua lamentações negativas por pensamentos mais positivos e fortalecedores. Esse é o caminho daqueles que dominaram a própria mente.

À medida que escolhemos a Fé repetidas vezes ao longo da vida, desenvolvemos uma resistência mental para afastar a

Dúvida. É como se a cada dose de convicção forjássemos uma arma de aço cada vez mais poderosa, capaz de perfurar todos os pensamentos negativos. Quando treinamos esse poder, ele se torna algo ao qual podemos nos apegar e pôr em prática com determinação em momentos de necessidade e ansiedade. Portanto, a Fé deve ser a nossa arma preferida, que nos torna invencíveis contra as trevas. Com ela, viramos os guerreiros da luz que têm um senso inabalável de si mesmos e de serenidade, que raras vezes questionam a si mesmos ou ao Destino, que atraem sorte e abundância em tudo o que fazem porque acreditam que o universo privilegia aqueles com um coração comprometido, e que todas as coisas estão se desenrolando exatamente como deveriam.

TRANSFORMANDO A PROCRASTINAÇÃO POR MEIO DA AÇÃO

Há muita coisa em jogo para que a Fé vença em nossa vida. Porque, se não domarmos os pensamentos paralisantes gerados pela Dúvida, vamos despertar um mal cada vez maior. A segunda cabeça de serpente do Desafio, cujo objetivo é impedir o avanço ao nos envenenar com pensamentos apáticos e resignados, recebeu o nome de sua única missão miserável: *Procrastinação*.

Podemos imaginar a forma física da Procrastinação como a de uma enguia alaranjada, com uma expressão grave e uma voz estrondosa que pode nos abalar da cabeça aos pés.

Se a irmã dela, a Dúvida, gera incerteza com sua canção chorosa de preocupação, a Procrastinação gera terror de verdade. Quando nos atinge, parece que algo está batendo a cabeça em nosso peito. A Procrastinação nos atinge e grita conosco, sua voz ressoando por cada uma de nossas células. *Pare!*, explode ela. *Pare!*, grita ela. *Não! Por favor! Pare! Você vai se machucar! Você não está pronto! Preste atenção à minha irmã, a Dúvida — o caminho é incerto! Não faça mais nada! Não tome atitude alguma. Você vai se machucar, eu estou dizendo! Vai passar tristeza! Vergonha! Humilhação! Pare! Pare, ou você vai estar perdido! A hora não é agora!* A voz da Procrastinação vai ficando mais alta à medida que nos aproximamos da ação.

A Procrastinação não faz qualquer esforço para nos cortejar ou nos seduzir; ela é uma ditadora — *pare ou vai se machucar; espere ou se exponha ao fracasso.* Diante de escolhas tão terríveis, é difícil que a mente discuta. Diante do medo interior de sermos magoados, rejeitados ou arrasados, por que não pararíamos? De uma hora para outra, ir em frente parece um suicídio, e assim nossas mentes desenvolvem argumentos magistrais para justificar a *inação.* Ficamos extremamente confiantes no pessimismo de modo a nos protegermos, dizendo para nós mesmos e para os outros frases como: "Bem, as condições ainda não são perfeitas para eu começar. Não se pode apressar as coisas, sabe".

E então, se a vida não progride com rapidez o suficiente para nós, a Procrastinação está ali. Se esperávamos interminavelmente o momento certo para agir por conta própria, para nos aproximarmos de um namorado em potencial, para buscar uma posição mais alta, para dar início a um novo projeto, para lutar de verdade pelo que de fato queremos, a Procrastinação está ali. É ela que transforma pessoas de ação em pessoas apáticas e insignificantes. A Procrastinação é uma das principais responsáveis para que homens e mulheres potencialmente grandes perdessem o embalo.

Saber que não nos posicionamos quando deveríamos, não trabalhamos quando deveríamos, não lutamos quando deveríamos, não amamos quando deveríamos, não vivemos quando

deveríamos — essa é a praga da inação humana,
da Procrastinação celebrando uma vitória sobre a nossa alma.

Portanto, pode-se dizer que a Procrastinação é o pior dos dois males — destruiu mais sonhos do que a Dúvida jamais poderia destruir. Pois mesmo com a Dúvida desperta e atormentando a nossa alma, podemos pelo menos agir com valor e agilidade quando estamos na melhor forma. Mas não podemos e não vamos agir se a Procrastinação estiver em posse da nossa consciência.

Mas há esperança. Sempre existe. Assim como existe um antídoto para a Dúvida, também existe um para a Procrastinação. Os venenos do medo, da apatia e da indolência disseminados pela Procrastinação podem ser eliminados com o antídoto da Ação decisiva. Quando tomamos a iniciativa, apesar do desejo incutido de esperar assustados, quando pegamos o telefone para fazer aquela ligação importante, vamos até a mesa para conversar com aquele desconhecido (ou desconhecida) atraente, nos matriculamos naquele novo curso, corremos aquele risco — essas coisas desencadeiam uma onda interna de potencial que subjuga os impulsos mais mesquinhos. Tomar ações decisivas é nos libertar da Procrastinação.

O Destino privilegia quem age, premiando-o com
sucesso e reconhecimento heroico na vida.

Não é verdade que não teríamos heróis se, no momento que eles foram chamados à ação, tivessem decidido esperar? Toda grandeza depende de um herói superar o pavor interno e *avançar apesar de tudo*. O atleta olímpico que tropeça durante a corrida, mas se levanta e se recupera; o transeunte que tem medo das águas agitadas, mas que mergulha para salvar a menina que se afoga; o informante que sabe que será demitido por denunciar uma má conduta, mas que fala mesmo assim. *Heroísmo é agir para fazer coisas importantes mesmo quando temos medo.* Covardia é agir de acordo com os medos, quando o coração deseja que nos comportemos de maneira mais nobre e mais corajosa.

A esperança da humanidade depende de a Ação superar ou não o medo e a apatia. Então, deixe cair no esquecimento toda a espera para que tudo seja perfeito, toda a invenção de desculpas sobre os motivos pelos quais devemos adiar os sonhos, toda a bobagem sobre por que não merecemos isso agora. Deixe a Ação superar as hesitações.

Devemos fazer as coisas que adiamos e que mais temos medo de fazer, e devemos fazê-las agora. Vamos sentar hoje à noite e enumerar uma lista de tarefas que temos adiado na vida. *O que ainda temos por começar?* Onde empacamos por causa da Procrastinação, e o que deve ser feito para reacender a chama do progresso mais uma vez? Estar atento a esse tipo de questão nos torna homens e mulheres mais fortes. Ter um plano e agir de acordo com ele para avançar na vida, independentemente do terror interior, é algo que nos transforma em lendas.

TRANSFORMANDO A DIVISÃO COM AMOR

Como se a preocupação e a espera não fossem sofrimento o suficiente, a terceira cabeça de serpente do Desafio age para garantir que soframos *sozinhos*. Contamina-nos com o veneno da separação, fazendo com que o nosso sangue e o nosso comportamento esfriem. Isso nos torna distantes, intolerantes ou raivosos a respeito dos demais. Infla o ego ao nos sentirmos diferentes dos demais, mais especiais, mais fortes ou mais fracos do que eles. Esse demônio é mais autoconfiante e sinistro do que suas irmãs. Vamos imaginá-lo como uma cabeça de serpente preta sem olhos. Seu objetivo é destruir nossa humanidade, deixando-nos cegos para o que há de bom nos outros. Vamos chamá-la de *Divisão*.

A Divisão ataca os nossos corações, e é o motivo por detrás de uma sociedade adoecida. Sempre que nos recusamos ser vulneráveis ou amorosos com outra pessoa, isso é a Divisão em ação. Sempre que sentimos que todos ao redor são idiotas, insuficientes ou indignos de confiança ou respeito, isso é Divisão. Toda a angústia e a intolerância social derivam da Divisão — a solidão, a desconexão, o medo ou a raiva com relação aos outros são o resultado dos seus venenos, que corrompem a nossa mente e a nossa humanidade.

Como a Divisão é desprovida de empatia ou afinidade pelos outros, sua vitória final é o momento em que já não vemos a humanidade uns dos outros — quando objetamos, rejeitamos ou desconsideramos o valor e os direitos de outro indivíduo. Sua manifestação mais macabra é responsável por guerras, violações, brutalidade, e também pelas manchas mais sombrias da história da humanidade.

No dia a dia, esse demônio é mais perceptível quando desperta a impaciência, o desprezo e o retraimento. Suas toxinas nos fazem sentir altivos e pretensiosos, como se devêssemos viver acima dos outros, isolados; como se fôssemos de alguma forma mais especiais do que nossos irmãos, irmãs, amigos e parceiros. A crítica, a difamação, o menosprezo e a ira se transformam em ferramentas para nos relacionarmos com aqueles que são mais fortes ou mais fracos do que achamos que somos.

Também podemos perceber isso com facilidade quando nos tornamos críticos ou não conseguimos sentir amor por outra pessoa com segurança nem sentir unidade com ela. É a mãe que tem uma filha extraordinária, mas enxerga apenas os defeitos dela; é o chefe impaciente que considera todos estúpidos e lentos; é o homem que não ama nunca porque se acha muito esquisito ou diferente da norma.

> *O veneno da Divisão, então, é o veneno antissocial que corre através de nós e obscurece as inteligências emocional, social e espiritual inatas que, de outra forma, nos levariam universalmente à conexão com os outros e ao Amor.*

A Divisão, portanto, é a maior destruidora dos relacionamentos, a criadora de todos os males sociais, e a razão de nossa indiferença e nosso distanciamento para com os outros.

Mesmo que encontremos a força interior e decidamos banir a Dúvida e a Procrastinação da nossa vida, o nosso destino ainda assim vai fracassar se deixarmos a Divisão seguir seu caminho. Sem cuidado e conexão social, até a Fé e a Ação podem ser corrompidas ou se tornar inadequadas. É o sujeito confiante e bem-sucedido que termina sozinho e arrependido, triunfante nas conquistas, mas arrastando os destroços de casamentos e amizades que deram errado. Vemos isso na história da mulher que, em vez de encontrar a sororidade, encontra ciúme e amargura em outras mulheres. É a criança que se fecha, se torna violenta e mais tarde acaba presa porque não conseguiu encontrar conexão e compaixão pelos outros.

O que pode ser feito?

> *Devemos injetar na nossa vida o antídoto mais forte conhecido pela humanidade, a cura de todos os males e dores, o curso divino que acelera toda a recuperação e alimenta toda a esperança, a força e a alegria da humanidade: o AMOR.*

O amor é a cura para a Divisão. Sua intenção calorosa flui em nossas veias e inunda os abismos entre as pessoas, varrendo os detritos do julgamento, da raiva e do ódio. Quanto mais abrimos as comportas, mais poder teremos. Ao nos abrirmos para o amor, todas as toxinas do mal e da discórdia são eliminadas, e junto a elas a serpente interior da solidão.

Quem temos evitado ou maltratado por causa da Divisão?

Quais partes de nós mesmos fechamos por medo de sermos considerados muito diferentes, indignos ou incapazes de sermos amados?

Devemos estar conscientes o suficiente para responder a tais questões, e maduros o suficiente para procurar uma solução. Por sorte, o Amor faz parte da nossa natureza e é o recurso mais abundante do universo, pois ele criou e habita todas as coisas. Tudo o que devemos fazer agora é permitir que ele retorne à nossa vida e direcioná-lo para os outros.

Ao contrário da Fé e da Ação — ingredientes que nascem por escolha nossa —, o Amor vive *dentro* e *fora* de nós. O Amor está em toda parte, o fio cósmico do Divino, tecido através de tudo o que vemos e sentimos. À medida que aprendemos a seguir e a extrair esse fio comum, reconhecemos a unidade da qual todos fazemos parte. Enxergamos que somos todos feitos da mesma pureza, lutando contra os mesmos demônios, marchando nos próprios caminhos rumos às próprias liberdades, todos viajando de volta ao Amor.

O Amor completa a nossa cura, pois podemos ter toda a Fé e Ação do mundo, mas sem Amor não há força. É o Amor que dá à Fé os seus poderes brutos e divinos, é o Amor que nos faz ser corajosos para tomar atitudes que jamais tomaríamos sozinhos.

Quando o Amor brota sem filtro dos nossos corações, então o último impulso do Desafio é vencido.

O amor é sempre a cura mais completa e definitiva para os nossos demônios interiores.

A ESPADA DA CORAGEM

Agora conhecemos o Desafio e suas três cabeças de serpente:

- A Dúvida questiona nosso valor e curso de ação.
- A Procrastinação gera indolência.
- A Divisão fecha a mente e o coração.

Nessa criatura, encontramos a causa da maior parte da miséria humana, *pois é a falta de certeza, atividade e humanidade que inviabiliza o nosso destino.*

Seria ingênuo acreditar que algum dia poderemos derrotar o Desafio de uma vez por todas. Mesmo que o derrotemos nos momentos que mais importam na vida — *e é isso que temos de fazer* —, ele ainda assim vai voltar. O Desafio é uma erva daninha nociva plantada em nós por uma sociedade constantemente doente, muitas vezes germinando a partir da nossa própria insegurança e negligência. Ela cresce com agilidade e continua a voltar, espalhando seus galhos e arbustos por nossa vida. O único método seguro para erradicá-la é a persistência constante em arrancá-la pelas raízes. Este é um esforço com o qual devemos nos comprometer e com o qual nos comprometemos de novo todos os dias. Por sorte, sabemos que somos capazes de derrotar o Desafio com Fé, Ação e Amor.

Assim como demos forma ao Desafio, podemos fazer o mesmo com nossa arma contra ele. Imaginemos que a única arma necessária contra os nossos terrores internos é a espada da Coragem. É uma espada de aço inflexível, forjada a partir desse trio notável — um punho forte formado pela Fé e uma lâmina indestrutível de Ação de um lado e Amor do outro. Devemos nos lembrar dessa imagem da Coragem na próxima vez que o Desafio resistir ao nosso progresso, e usá-la para dominar o inimigo. Os momentos em que somos capazes de pôr a Coragem em prática são os momentos que mais definem a nossa vida.

Todos os grandes nomes da história, todos os heróis, líderes e inovadores que iluminaram o caminho da humanidade para fora da escuridão e da ignorância, forjaram dentro de si a Coragem para superar conflitos internos quando mais importava. Em muitos aspectos, eles são como nós. Preocuparam-se. Procrastinaram. Às vezes, tinham opiniões negativas sobre seus semelhantes. Mas o que os tornou celebrados, o que impulsionou a sociedade, o que deu origem à lenda em torno deles, foi sua vontade absoluta de superar tais impulsos e de lutar *fiel*, *ativa* e *amorosamente* por uma vida melhor para si e para os outros. Devemos aprender com eles, alcançar a excelência, e acrescentar agora o nosso próprio capítulo de coragem ao bom livro da humanidade.

Declaração IV

DEVEMOS AVANÇAR COM ENTREGA TOTAL

*Covardes morrem muitas vezes antes mesmo de
suas mortes; o valente não prova a morte senão uma vez.*
WILLIAM SHAKESPEARE, *JÚLIO CÉSAR*

Depois de superarmos o medo e derrotarmos os demônios internos, devemos recalibrar toda a mentalidade em direção ao avanço. Nossa vida deve se tornar uma vida de ações corajosas e progresso perpétuo.

A maioria da população mundial não avança à velocidade em que seria capaz de fazê-lo. Não busca o domínio próprio, e carece do potencial pessoal para canalizar as energias. Pensamentos equivocados e vontades fracas impedem essas pessoas de se dedicarem de modo pleno aos seus sonhos. É como observar um guepardo passear preguiçosamente durante toda a sua vida, sem nunca se alongar e disparar com a velocidade impressionante que o seu potencial permite.

Para recuperar o nosso poder, devemos buscar uma mudança imediata na crença sobre o quão influentes podemos ser na construção da nossa realidade. Devemos compreender que nada na vida, incluindo as circunstâncias ou o potencial, é fixo. Pelo contrário, devemos acreditar que podemos adaptar a realidade às nossas preferências, modelando a vida que desejamos por meio do aprendizado e da iniciativa disciplinados. Não devemos mais esperar permissão ou o momento perfeito. Em vez disso, devemos ser corajosos e autossuficientes, avançando a todo momento. Devemos enxergar as batalhas como positivas e necessárias para o crescimento e para a capacidade de inovar e servir. E devemos estar cientes de que tudo aquilo de que precisamos está à disposição no Agora — há abundância neste mundo, e tudo o que precisamos para começar a grande busca por uma vida livre e plena já está dentro de nós. Se vivermos com base em tais crenças, vamos atingir níveis de motivação e felicidade jamais imaginados pelas massas tímidas.

O desafio que enfrentamos *é que fomos condicionados a acreditar no oposto* disso — que a ação ousada ou o progresso rápido são de alguma forma arriscados ou imprudentes. Mas é *necessário* certo grau de insanidade e imprudência para avançar ou inovar em qualquer área, para fazer quaisquer contribuições inéditas, marcantes ou significativas. Qual grande coisa já foi realizada sem um pouco de imprudência? Essa suposta imprudência foi necessária para que o extraordinário acontecesse: cruzar os oceanos, acabar com a escravização, mandar o homem ao espaço, construir arranha-céus, descodificar o genoma, começar novos negócios e inovar indústrias inteiras. É imprudente tentar algo que nunca foi feito, agir contra as convenções, começar antes que todas as condições sejam boas e os preparativos estejam perfeitos. Mas os ousados sabem que, para vencer, é preciso primeiro *começar*. Também compreendem profundamente que certo grau de risco é inevitável, e necessário, caso haja alguma recompensa real. Sim, todo mergulho no desconhecido é imprudente — mas é aí que se encontra o tesouro.

Infelizmente, mesmo as conversas mais inteligentes sobre sucesso hoje em dia estão repletas de conselhos limitadores.

Quantas pessoas deixaram de lado todas as grandes ambições de mudança e grandeza ao seguirem os conselhos dos "realistas" e dos porta-estandartes do status quo, que nos dizem para estabelecer metas seguras e "inteligentes"? Mas metas inteligentes quase sempre acabam por ser metas pequenas, planos pequenos totalmente previsíveis e milimetricamente desenhados para pessoas pequenas que precisam de certeza e segurança ao ponto de não conseguirem entrar no vasto território do desconhecido, onde residem visão e progresso verdadeiros. Nenhuma grande inovação ou salto humano surgiu de um caminho previsível ou de uma ideia que fosse imediatamente "alcançável" ou "realista". É raro que esses tipos de objetivos despertem a imaginação ou incitem a vontade do espírito humano.

Estamos imersos em uma cultura inundada de tarefas, planilhas e planos de trabalho que não inspiram paixão, motivação nem coragem. Se quisermos uma mudança verdadeira e uma vida própria, não devemos, em hipótese alguma, nos deixar acomodar por uma visão, um chamado ou uma mudança em qualquer área que seja inventada pela opinião popular em detrimento do nosso coração. Uma pessoa verdadeiramente livre não tem medo de trazer à tona um desejo sem limites e que até mesmo a assusta um pouco; algo que vai exigir o seu melhor, que a pode abalar, tirá-la de sua órbita e lançá-la na estratosfera do incrível.

Nosso destino depende de uma mentalidade voltada para ações ousadas. Ganhamos poder ao nos conceder a liberdade de sempre escolher o tipo de imprudência que nos permite ser vulneráveis, autênticos e corajosos na busca pelos sonhos. Quando o coração anseia por ação e crescimento, pouco devemos nos preocupar com o que a sociedade afirma ser possível ou prudente. Julguemos por nós mesmos o que vale o risco. Nós é que devemos decidir o que o progresso significa de fato na vida, pois decerto significa mais do que avançar lentamente como um caracol. Temos de dar os primeiros passos sem saber como vai ser a jornada. Se isso nos define como imprudentes e loucos, então aceitemos esse destino e celebremos o fato de não sermos covardes. Precisamos dizer: *devemos avançar com entrega total.*

A REALIDADE É FLEXÍVEL

Esse poder começa com o desenvolvimento de uma *mentalidade* para o impulso real.

A primeira marca de tal mentalidade é acreditar que a *realidade é flexível* à nossa vontade. Aqueles que não têm essa crença nunca avançam com grande poder e consistência.

Pessoas livres e corajosas não fogem das circunstâncias presentes, e sim as entendem como temporárias. Para quem é autoconfiante, a realidade não é fixa, e sim inconstante e moldável. São pessoas que enxergam toda a sua existência como algo com que se pode brincar, moldar e melhorar enormemente. Nada do que existe hoje precisa existir para sempre. Novas ideias e novos mundos podem substituir tudo o que é conhecido. O único compromisso dessas pessoas é com a criação do futuro que imaginaram para si e para as pessoas a quem amam.

Os grandes dizem: "A realidade pode ser moldada e alterada pelas minhas ações diretas, e, por isso, vou agir com consistência para forjar a minha vida ideal". Para eles, a *visão* supera a realidade; seus sonhos têm mais peso do que as circunstâncias, porque sabem que as circunstâncias podem ser alteradas com bastante suor, trabalho e dedicação.

Os que se vitimizam e logo desistem têm uma visão diferente. Na maioria das vezes, acreditam que a realidade é fixa, determinada por outros que não eles próprios, imutável. Para pessoas assim, a realidade é tudo o que existe. Alegam para si mesmos: "O amanhã está fadado a ser exatamente como hoje e os dias anteriores. Não há nada que eu possa fazer; esta é a minha realidade. É assim que as coisas são e sempre serão. O hoje é apenas algo a ser atravessado". O que lhes importa é sobreviver, não moldar a vida.

Consumidas pela crença de que nada muda, essas pessoas não têm motivação para agir ou avançar. Tampouco têm visões amplas para si. Que sentido faria? Elas pensam: "Bem, se não posso mudar nada, vou apenas me contentar com o que as circunstâncias aleatórias me proporcionam".

Pessoas com mentalidade assim parecem não ter percebido a placa enorme com que todos nós supostamente cruzamos no caminho para a maturidade:

VOCÊ É RESPONSÁVEL PELA SUA REALIDADE.
DECIDA O QUE QUER DO MUNDO E FAÇA ACONTECER.
SEM NITIDEZ NÃO HÁ MUDANÇA;
SEM METAS NÃO HÁ CRESCIMENTO.

Em última instância, aquelas almas tristes que acreditam que a realidade não pode ser moldada fazem muito pouco na vida, e, infelizmente, serão tidas como fracas, irresponsáveis ou facilmente esquecíveis.

Se a ascensão da natureza e da humanidade provou alguma coisa é que a mudança real é possível e inevitável, e que, se a direcionarmos para melhorar a nossa vida e a nossa espécie, será a nossa salvação.

Vamos apresentar essa verdade para a nossa mente e perguntar: "O que da minha realidade eu gosto e do que não gosto? Em quais áreas da vida tenho sido mero passageiro, esperando que melhorem, sem conseguir mudar minha realidade? O que teria de mudar — ou melhor: o que *eu* teria de mudar — para me sentir mais engajado, entusiasmado e realizado com a minha vida?". Essas perguntas simples têm o poder de nos reconectar com nossa vida e, em última análise, com o nosso potencial.

A AÇÃO É A MÉTRICA DO CARÁTER

Muitas pessoas jamais mergulham no oceano dos seus sonhos porque acham que devem ter todas as perguntas respondidas antes de pular. Elas perguntam: "Qual a direção do vento? Quantos segundos até chegar à água? Quanto fôlego preciso tomar antes do mergulho? Qual o ângulo adequado para a entrada? Alguém mais vai mergulhar? Quantos já mergulharam antes? Quantas braçadas até a terra firme?".

Estas perguntas são razoáveis, mas algumas pessoas jamais mergulharão, não importa quais sejam as respostas. Mesmo com provas contundentes de que é seguro pular, independentemente de quantos nadadores tenham dado o emocionante mergulho, os tímidos vão encontrar *alguma coisa* errada na sua busca, um sinal evidente de que aquele salto está condenado. São estes os que vão achar uma justificativa pela qual não podem realizar os sonhos, não importa quantas pessoas ao redor tenham alcançado os delas.

Uma maioria de pessoas patéticas também nunca cruza a linha entre a coleta de informações e a ação. A vida dessas pessoas é de eterna contemplação, de espera pelo conhecimento pleno e pelas condições perfeitas, das quais nenhuma jamais acontece. Dessa forma, estão fadadas a ser para sempre observadoras, e não mestras.

Sem uma tentativa real, sem provações e conflitos, não pode haver conhecimento verdadeiro, nem progresso, nem grandes conquistas, nem lendas.

Aqueles que avançam o fazem porque valorizam a ação em si. Eles sabem que o impulso positivo para a frente — o progresso — é um reflexo de seu *caráter*, e, por isso, têm orgulho e satisfação nas ações voltadas para esse fim. Pensam: "Se não tomo medidas significativas para avançar e progredir na vida, não me sinto verdadeiramente feliz, engajado, bem-sucedido ou generoso". Psicologicamente, há muita coisa em jogo no que diz respeito ao seu senso de proatividade, crescimento e avanço na vida. Isso não significa que fiquem devastados pelo fracasso ou pelos momentos lentos da existência — significa simplesmente que eles têm uma tendência a progredir e crescer.

Devemos nos lembrar de que a humanidade deve ser medida apenas pelas suas ações, não pelas suas intenções. *Nossas intenções têm pouca relevância na hora de avaliarmos nosso caráter ou mensurar a felicidade.*

Somente a ação revela nosso verdadeiro eu.
Somente a ação nos leva à excelência.

Somente a *ação* nos permite criar, crescer, conectar, contribuir, nos tornar a melhor versão de nós mesmos e ascender à brilhante estratosfera da grandeza. Todo o restante é mero pensamento, e existe uma diferença entre intenção e iniciativa. Em nenhum lugar essa diferença é mais evidente do que no amor. Podemos ter a *intenção* de amar os outros, mas, sem iniciativa, sem atos reais de respeito, carinho e afeto pelo outro, a intenção sozinha é inútil, sem alma. *Pensar* não é amor — *dar*, é.

Em termos individuais, não podemos avaliar quem somos sem analisar nossas ações. Não sabemos sequer aquilo que de fato valorizamos sem ação, porque os valores são mais do que pensamentos — valores são os ideais em movimento, expressados por meio das interações com os outros.

Tudo o que queremos sentir na vida — felicidade, alegria, satisfação, paz, sucesso, amor — só pode ser sentido devido às nossas ações. Não podemos simplesmente pensar em ser felizes sem fazermos algo que nos proporcione felicidade. Imagine a felicidade: ela só é sentida quando fazemos o que achamos que nos faria felizes — mesmo que isso signifique simplesmente parar, fechar os olhos e praticar a gratidão. O ato de contemplar a gratidão é uma ação geradora de felicidade. Só ficamos alegres se fizermos algo que consideramos alegre. Só ficamos satisfeitos se tivermos feito o que nos satisfaz. Só teremos sucesso se tivermos feito o necessário para nos trazer sucesso. Sentimos amor por nós mesmos apenas se acharmos que merecemos amor pela forma como tratamos a nós e aos outros. Talvez alguns levem isso longe demais e transformem a ação em sua única métrica. Mas, sem dúvida, mais pessoas não fazem nada, e é por isso que estão infelizes. Sim, podemos apenas nos concentrar em ser, mas não será o *ser* uma ação em si? Relaxar é uma ação. Meditar é uma ação. Sonhar é uma ação. Essas atividades nos proporcionam as emoções que buscamos.

As ações também são uma medida social confiável do verdadeiro caráter. A forma como as pessoas agem consistentemente conosco e com os outros fornece os dados de que precisamos para julgar seus valores e objetivos, e se merecem confiança e atenção. Tentar avaliar o caráter de alguém com qualquer medida que não seja suas ações é como adivinhar o que está dentro de seu coração e sua mente, e adivinhações provocam apenas suposições e encenações. Mas a ação nos informa o que precisamos saber. Não precisamos confiar em um homem que alega ter boa vontade, mas nunca demonstrou boa vontade para com os demais. Não precisamos acreditar na mulher que diz "eu te amo", mas depois age com crueldade e sem Amor. Quando a *ação* é necessária e uma pessoa não age, sabemos que ela é, na melhor das hipóteses, preguiçosa, e, na pior, covarde. Aqueles que agem com crueldade serão tidos como cruéis; aqueles que se comportam de maneira idiota são tidos como estúpidos. E, assim, generalizamos a personalidade de um indivíduo com base na sua tendência para o progresso — aqueles que não avançam na vida são chamados de lentos, arrastados, preguiçosos, perdedores. Quer o julgamento seja uma coisa boa ou ruim, e quer estejamos certos ou não, o progresso é a métrica que usamos para avaliar os outros.

No âmbito cultural, o progresso depende de pessoas motivadas e orientadas para a ação. A liberdade chega até nós por causa das ações das gerações anteriores que lutaram a fim de contribuir para além de si mesmas. Hoje, a métrica do progresso é usada para avaliar a saúde de sociedades e países inteiros. Aqueles que não são avançados nas áreas da saúde, economia, tecnologia e liberdade são vistos como atrasados, arcaicos, irrelevantes; regimes moribundos que repetem a tradição até uma poderosa rajada de progresso os destruir.

Se a *ação positiva* é, em última análise, a forma como avaliamos a vida, os outros e o mundo, então vamos trazê-la de volta à nossa consciência e às nossas metas diárias.

Devemos lembrar que, quando agimos, uma força invisível se forma à nossa volta, trazendo oportunidades que se alinham com o nosso propósito, proporcionando embalo rumo à liberdade.

Portanto, devemos ter a coragem de nos encarar e perguntar: "Estou tomando ações ousadas e significativas o suficiente para progredir na vida e atingir todo o meu potencial? Se eu não tivesse medo e agisse com base na melhor versão de mim, o que estaria fazendo para avançar na vida? Quais passos devo dar *hoje* e *esta semana* para começar a melhorar *drasticamente* minha saúde, minha carreira, minha família e meu propósito?".

NÃO É PRECISO AUTORIZAÇÃO

Aqueles que não conseguem avançar na vida são muitas vezes imaturos. Dependem excessivamente dos outros para seu cuidado, sua felicidade e seu sucesso e, portanto, acreditam que outras pessoas deveriam ajudá-los a fazer escolhas ou aprovar planos e ações. Ainda querem que a mamãe e o papai apontem o caminho e deem um sinal de aprovação a cada passo hesitante. Querem que os professores lhes presenteiem com sorrisos e estrelinhas. Querem que os cônjuges e amigos, chefes e colegas de trabalho, a igreja e a cultura aprovem suas ações e estejam constantemente torcendo por eles. E, no momento que não recebem apoio positivo que os incentive, param. Se não recebem algum tipo de autorização para serem eles mesmos ou correrem atrás dos seus sonhos, não agem. Estão presos pelo medo da crítica ou do abandono. Um exame atento sobre sua vida revela uma tendência de estar sempre *à* espera de permissão e aprovação dos outros, como um adolescente aguarda permissão para sair. Esse é o seu estado eterno: *à espera da aprovação dos outros.*

Grandes homens e mulheres não estão nem aí para a autorização dos outros.

Raras vezes pedem permissão do mundo, porque sabem que as massas presas à mediocridade nunca vão aprovar nada que quebre as convenções ou que exale a ousadia e magia.

Eles sabem que a sociedade tem uma desconfiança permanente acerca dos divergentes — apenas, claro, até que os divergentes acumulem abundância, poder e prestígio. Os grandes são claros com as pessoas sobre o que querem e por que o querem, e, se outros criticam ou julgam suas ideias, aproveitam qualquer feedback útil, descartam o resto e seguem em frente. Quando as pessoas ficam chateadas ou perguntam "quem você pensa que é?", os ousados respondem com força e prontidão para defender seus sonhos e lutar por eles. Não limitam a visão com base em quantas pessoas sinalizam aprovação. A crença de que os outros não precisam lhes dar autorização é palpável em sua vida. Por repetidas vezes, começaram tarefas, projetos e iniciativas sem a assinatura de ninguém. Não precisavam de certificado, carta de aprovação ou sorriso satisfeito de um tutor. Eles se *mexeram*.

Devemos lembrar essa verdade triste, mas evidente: a única autorização concedida pela sociedade é a autorização para seguir as suas normas e tradições. Ninguém vai nos dar autorização para avançar depressa, porque as pessoas temem ser deixadas para trás ou fazer papel de bobas por se apegarem a um mundo que já perde relevância. Cientes disso, tudo o que podemos fazer quando temos uma ideia para progredir é partilhá-la abertamente com as pessoas, recorrendo a fontes inteligentes que tornem o nosso caminho mais bem-sucedido. Mas não devemos esperar para sempre a aprovação dos outros — devemos coletar informações e começar agora mesmo.

O obstáculo mais recorrente é que todo mundo quer obter a permissão daqueles em quem confiam e que amam. E a mulher que deseja se mudar para uma nova cidade em busca de suas ambições profissionais, mas enfrenta um cônjuge que não a apoia? Tal como acontece com todas as questões de relacionamento, não existe resposta fácil. Tudo o que esperamos é que, mesmo que ela faça concessões por determinado tempo, deve de algum modo decidir por seguir seus sonhos. Deve encontrar uma forma de honrar seus desejos de amor *e* crescimento.

Devemos ter em mente que as ações que não correspondem à aprovação dos outros vai provocar discórdia. As pessoas não vão gostar da ousadia. Vão dizer que as nossas lutas são loucura. Vai haver tristeza e resistência por parte de alguns que nos veem avançar sem a sua permissão, ou sem *eles*.

É uma realidade que deve ser enfrentada por todos aqueles que buscam concretizar seus sonhos e seus potenciais.

Vamos optar pelas opiniões, preferências e aprovação de outras pessoas em vez dos desejos e crescimento do nosso verdadeiro coração?

A resposta a essa pergunta vai ditar muito sobre a alegria emocional e a satisfação que sentiremos na vida.

Talvez seja hora de lembrar que um poder superior nos concedeu toda a permissão de que precisamos para seguir o coração. O universo, a Natureza e Deus nos deram potencial. Não é nosso dever abrir mão dele, deixando que as escolhas sejam dirigidas pelos outros.

A ABUNDÂNCIA ESTÁ À DISPOSIÇÃO

Não há tempo suficiente. Não há recursos suficientes. A economia vai mal. Ninguém está mais fazendo isso. Não tem o suficiente para todo mundo. Estes são os gritos daqueles que estão cegos para a abundância do universo.

Todos aqueles que conquistaram grandes vitórias descobriram que *todos os recursos necessários para vencer estão dentro de si*, e que a maior parte do conhecimento necessário para ter sucesso é adquirido *após* a tomada de ação.

Devemos nos juntar a eles e lembrar essas verdades: não precisamos de mais tempo; precisamos de uma razão mais forte para agir, de modo a utilizarmos o tempo de maneira mais eficaz. Não precisamos esperar mais recursos; precisamos agir, e vamos descobrir que a abundância vem até nós. Não precisamos esperar condições perfeitas; vamos encontrar a perfeição no processo. Não precisamos pedir para receber; precisamos *dar* para receber, pois ao dar, recebemos de volta. Não podemos esperar com timidez que tudo caia no nosso colo; vamos receber só quando nos levantarmos e marcharmos, pois o destino volta os olhos para aqueles que não têm medo. Essas verdades compõem a mentalidade de diligência e abundância necessária para o avanço.

Os bem-sucedidos deste mundo são muitas vezes pessoas que começaram do zero. Embora tivessem recursos limitados, começaram mesmo assim. Construíram negócios e carreiras não porque tiveram sorte, mas porque acreditaram que tudo de que precisavam para ter sucesso acabaria por se cruzar com suas ações. Sabiam que avançar significaria atrair atenção, recompensas e investimentos. Acreditavam na abundância.

Compare tal mentalidade com a daqueles orientados pela escassez. Como acreditam que nunca há o suficiente, nunca agem. O empreendedor que não consegue se imaginar enriquecendo opta por não pôr ideias em prática. O executivo que acredita que o bolo vai ser sempre pequeno demais se recusa a ser mentor de outros, porque estará ameaçado se essa pessoa crescer. O líder de uma nação que teme que outros recebam mais do que dão fecha as fronteiras ou limita a política comercial. Com mentalidades de escassez, fazem escolha após escolha para se protegerem, para atrasar, limitar, roubar, travar.

Portanto, deixemos a ideia de escassez se esvair por completo. Tudo de que precisamos está abundantemente dentro de nós, e todas as coisas boas serão atraídas à medida que agirmos de acordo com os nossos sonhos. Para começar é necessário apenas a própria visão, vontade, desenvoltura e disciplina — estas nunca serão escassas, a menos que optemos por abandoná-las.

O SUCESSO É POSITIVO E NECESSÁRIO

Aqueles que avançam na vida o fazem porque enxergam o progresso — e todos os sucessos, realizações, influência e poderes resultantes dele — como algo positivo e *necessário*. Aqueles que estão condenados às margens da vida muitas vezes acreditam equivocadamente que o sucesso e os poderes resultantes dele só podem corromper.

Não há como deixar mais evidente, por isso devemos prestar muita atenção: os condenados esperam que os resultados do progresso sejam *negativos*, mesmo que não tenham consciência de tal expectativa. Acreditam em segredo que toda a luta pelas realizações vai com certeza provocar um inferno na Terra, em que a virtude cede terreno ao vício, em que terão de se vender ou fazer concessões. Acreditam que o sucesso e o poder só podem nos tornar *podres*; que sem dúvida amigos e parentes serão sempre deixados de lado à medida que se cresce; que o amor ao dinheiro vai substituir o amor ao significado; que o sucesso gera egoísmo; que nunca há satisfação, apenas o constante desejo por mais; que quanto mais alto se sobe, mais solitário e miserável o indivíduo se torna. Acreditam, de centenas de maneiras tristes e equivocadas, que o sucesso só tem como produzir frutos amargos.

De onde vêm opiniões do tipo?

Suposições assim vêm de uma mente não iluminada, cegada pela escassez e pelo ciúme. É triste, mas verdadeiro: há pessoas tacanhas entre nós que não gostam, que desconfiam ou que odeiam aqueles que têm sucesso na vida, porque acreditam erroneamente que, para alguém ganhar, outros têm sempre de perder. Existem também pessoas pequenas que de fato desejam o mal àqueles que têm sucesso, apenas porque não querem ser deixadas para trás ou esquecidas à medida que os que estão perto progridem, geram mais riqueza ou se tornam mais influentes. Testemunhar outros alcançando sucesso além de si mesmos os deixa terrivelmente desconfortáveis e irritados. Isso os força a se olhar no espelho e perceber que podem ter menos sorte, menos oportunidades ou menos talento inato do que outros. A culpa pode surgir quando chegam à conclusão de que têm menos motivação, disciplina e capacidade. Então começa a troca de acusações, as desculpas emergem, a raiva transborda, tudo levando à vitimização e à repulsa por aqueles que parecem felizes e bem-sucedidos.

Dessa escassez e insegurança surgem as crenças arraigadas e equivocadas de que aqueles que detêm poder são necessariamente vis e corruptos, e que de alguma forma todas "aquelas" pessoas mais bem-sucedidas do que nós só podem estar conspirando para nos refrear. Aqueles que estão cegos por essas suposições não conseguem enxergar a própria responsabilidade pela sua realidade nem as oportunidades à disposição de todas as pessoas.

Isso não significa que não existem no mundo forças poderosas e opressivas, como a tirania política, a corrupção financeira e o exercício irresponsável do poder. Mas, mesmo em tais extremos, devemos ser responsáveis pelas nossas reações contra tais injustiças, e responsáveis pelas nossas ambições e ações para além de realidades diferentes. Independentemente de qualquer tipo de supressão, não deveríamos ainda ser donos das nossa vida, trabalhar arduamente, lutar e buscar sem demora a própria Liberdade Pessoal? Não existem milhões de histórias de homens e mulheres que vieram do nada, superaram as circunstâncias, quebraram os limites, tornaram-se capitães dos seus destinos e cruzaram mares impossíveis apesar de todos os obstáculos? A tirania e o mal não são desculpas para limitar a visão que temos para nossa vida.

Devemos ter muito cuidado. Acreditar, de qualquer forma que seja, que todos aqueles que têm sucesso e poder são vis, indignos de confiança, odiáveis — e que nós próprios nos tornaríamos maus se tivéssemos o mesmo sucesso e poder — é desesperador, ignorante e perigoso. Esses pensamentos destroem a motivação e o progresso na vida.

Aqueles que *odeiam* pessoas bem-sucedidas enquanto grupo muitas vezes o fazem por despeito e não por fundamento, *pois o ódio nunca tem razão*. A maioria dos que odeiam alguém, inclusive, em geral o fazem por preconceitos ignorantes nascidos de crenças pautadas no medo, e não por qualquer experiência real com aqueles que odeiam. *É curioso que aqueles que odeiam pessoas de sucesso não conheçam muitas pessoas de sucesso.* As crenças sobre sucesso e riqueza determinam o que vamos buscar na vida, e, portanto, devemos estar atentos. Se acharmos que o sucesso e o poder são corruptos, a mente não vai nos permitir agir em direção a eles e, em breve, vamos nos encontrar presos a uma existência de apatia e indiferença pois, como poderíamos ter sucesso se não gostamos da ideia de sucesso em si?

O homem que acredita que a casa que está construindo pode um dia abrigar o diabo imediatamente irá pousar suas ferramentas.

Pressupor que vamos nos tornar maus se alcançarmos sucesso, ou odiar aqueles que o tiveram, é uma forma covarde de auto-opressão, pois confina à infelicidade a pessoa que odeia. Mas e os verdadeiros tiranos e discriminadores que nos atrapalham, aqueles que nos causam dor quando tentamos avançar, aqueles que nos prejudicam por causa da nossa raça, religião, gênero, estilo de vida, origem? *A esses carrascos, não devemos nada.* Nosso único recurso é uma *ação* ainda maior rumo à Liberdade Pessoal, apesar deles. Deixe-os, contorne-os, engane-os, esqueça-os — mas não pare. Do outro lado, celebraremos ao optar por exercer o próprio sucesso e a própria influência de um jeito mais generoso e consciente.

Não deixemos que essas poucas pessoas nos ceguem. As pessoas bem-sucedidas do mundo são melhores e mais generosas do que a maioria imagina. Quanto mais subimos na vida, mais descobrimos quanto todos trabalharam para alcançar o que quer que seja. Todos poderíamos nos beneficiar ao perceber que a maioria das pessoas bem-sucedidas era com frequência atormentada pelo desespero, pela angústia e pela pobreza. Fora os poucos que avançaram na vida sem qualquer esforço real, a maioria das pessoas influentes abriu o próprio caminho por meio de disciplina, luta e serviço. Quebraram as correntes de seu ressentimento contra os outros e lutaram pelos sonhos, cientes de que ninguém podia as impedir senão elas mesmas. Entenderam que a pobreza de inteligência, moral e coragem era mais paralisante do que a falta de riqueza jamais poderia ser, e assim fortaleceram a mente e forjaram o caráter por meio de trabalho duro e objetivos nobres.

O que os grandes fizeram com o poder que conquistaram através da luta pela liberdade e de realizações notáveis? Mais bem do que mal. Eles cuidaram de suas famílias por gerações. Construíram navios e escolas. Abriram estradas e ferrovias. Empregaram pessoas, permitindo que alimentassem e educassem seus filhos e pagassem seus financiamentos. Criaram os filhos e enriqueceram suas comunidades. Doaram a outros e financiaram causas que beneficiam boa parte do mundo todos os dias. Deram-nos algo em que acreditar, pelo qual lutar, em que nos inspirar. Alguns fizeram isso pela pura força do seu desejo e sua fé. Outros começaram com certa riqueza. Todos os que a mantiveram abraçaram os valores do trabalho, do progresso, do serviço e da liberdade.

Talvez seja hora de superarmos por completo os medos e egos, as inseguranças e julgamentos, e aprendermos a *celebrar* aqueles que tiveram o caráter e a coragem necessários para se expor, gerarem abundância e dar enormes contribuições.

Devemos lembrar que com o progresso vem o poder, e, com o poder, uma possibilidade maior de aproveitar a existência e servir os menos afortunados. *Podemos escolher o uso do nosso sucesso para mudar o mundo.*

É certo que as pessoas que cometem delitos vão cometer ainda mais delitos à medida que acumularem mais poder. Mas também devemos saber que as pessoas virtuosas só vão espalhar mais bondade à medida que sua influência crescer. Portanto, vamos trabalhar duro e aproveitar os frutos do nosso trabalho sem arrependimento nem preconceitos. Devemos permanecer do lado certo e generoso do poder, compartilhando as riquezas e a nossa influência com aqueles que lutam por grandes vidas e contribuições notáveis. Não devemos achar nunca que precisamos pedir desculpas pelo poder conquistado por meio do suor e da disciplina. Em vez disso, devemos usá-lo contra a maldade e ao serviço daqueles que acreditam, como nós, nas glórias do crescimento e da generosidade que o sucesso proporciona. Deixemos que esta seja a nossa mentalidade, e teremos a nossa abundância e o nosso significado.

A LUTA DEVE SER ESPERADA E HONRADA

Para avançar radicalmente na vida, não há dúvida de que enfrentaremos uma verdadeira luta. Não devemos reclamar nem deixar de esperá-la. Houve um tempo em que enfrentar as provações era visto como *virtude*.

A luta era uma consequência bem-vista de ambições elevadas; era apresentada como o esforço necessário ao heroísmo e ao avanço cultural; era o contexto celebrado em que demonstrávamos nosso valor, nos aprimorávamos e nos realizávamos. Só ali, nas profundezas do esforço, das dificuldades e da frustração, que as fraquezas poderiam ser expostas e expulsas, a nossa vida transformada, os sonhos alcançados e a nossa humanidade transcendida. Aqueles que lutaram com honra por objetivos grandiosos não foram dignos de pena, mas admirados e lembrados ao longo do tempo.

*Devemos lembrar que o poder de dirigir o destino só pode
vir de uma mentalidade que nos torna dispostos a lutar
por meio de aprendizado, esforço e crescimento.*

No entanto, a grande maioria odeia a luta necessária para avançar. Essas pessoas reclamam com vasta angústia que o caminho para a independência e a abundância é demasiado difícil, inconveniente, lento. Se não houver uma linha reta e rápida para o sucesso, a jornada nunca começa. As pessoas não retornam à escola, porque vai demorar muito. Não praticam exercícios, porque os resultados vêm muito lentamente. Não lutam por seus sonhos, porque isso exigiria longas noites na sequência de dias já cheios. Hoje, gerações inteiras vêm estreitando a visão e os esforços, temendo a batalha de enfrentar limitações, de tentar coisas inéditas e de desenvolver novos talentos e conjuntos de habilidades. O resultado é um segmento surpreendentemente amplo da sociedade que está acima do peso, desinformado, desqualificado e infeliz. É como se o esforço real, do tipo que envolve aprendizado prolongado e noites árduas de frustração, fosse evitado. Qualquer inconveniente virou uma boa desculpa para travar o progresso.

Alguém pode se perguntar se dispor de paciência e persistência necessárias para realizar qualquer atividade que valha a pena se tornou coisa do passado. Esperemos que não, pois só nos concentrando no progresso da vida é que poderemos alcançar potencial e liberdade.

Nenhum de nós vai acordar amanhã e dizer: "Não quero progredir na vida". Mas os nossos desejos não são os que serão medidos no final do dia de amanhã — apenas as nossas ações dirão quem somos e o que desejamos de verdade. Portanto, acordemos com a mente voltada para o avanço. Devemos voltar a ser ousados. Diante de qualquer preocupação, podemos lembrar que tudo de que precisamos está dentro de nós, que a sorte privilegia os corajosos, e que só a ação vai iluminar o próximo passo. Devemos nos esforçar sempre por algo que escolhemos como significativo, com uma convicção tão pura e poderosa que avançamos com grandes saltos. Devemos nos comprometer com essa causa para avançar em prol do crescimento e da doação. *Não devemos mais esperar a autorização, o momento adequado nem a facilidade para progredir com agilidade na vida.* Devemos começar agora. Temos trabalho a fazer, influência a ganhar, serviço a prestar, poder para compartilhar, liberdade para alcançar pelas pessoas que amamos. Portanto, vamos avançar e começar coisas notáveis. *Já.*

Declaração V

DEVEMOS PRATICAR ALEGRIA E GRATIDÃO

A gratidão confere reverência, nos permite viver diariamente epifanias, aqueles momentos transcendentes de fascinação que mudam para sempre a forma como experimentamos a vida e o mundo.

SARAH BAN BREATHNACH

Fomos dotados de vitalidade divina e dos poderes da vontade, da força e do entusiasmo que a acompanham. No entanto, onde está o pulso enérgico, altivo e alegre que esperaríamos de pessoas escolhidas tão capazes? Por que não ouvimos mais risadas e mais vida? Onde está a fúria vibrante e louca e a paixão deslumbrante do ser humano plenamente engajado? Onde estão as almas brilhantes cujos corações batem com entusiasmo acelerado? Onde estão o magnetismo e a paixão? Onde estão a gratidão, a alegria, a faísca e a potência? O que aconteceu com aquela energia vital milagrosa que nos trouxe à existência?

Parece que uma vasta onda de cinismo e pessimismo varreu a Terra e afogou os sonhos das pessoas. A energia emocional do mundo está à beira da morte.

Podemos observar essa energia vital drenada em um número impressionante de olhos e rostos de pessoas, em suas atitudes e conversas. Não há vitalidade, liberdade nem positividade em suas ações. Veja como os rostos parecem desgastados, pálidos e graves para a idade que têm. Repare como as conversas soam pacatas e resignadas, como sussurros de um povo cansado e em dissolução. Amplie a perspectiva e notará que a maior parte da agitação e da empolgação da nossa cultura vem de uma histeria em massa em torno de novas oportunidades de riqueza ou da vida fabricada das celebridades. O mundo se tornou um lugar onde um número trágico de pessoas está mais fascinado pelo materialismo e pela vida de narcisismo distante do que pela própria experiência de vida.

Os seres humanos não foram destinados a ser as caricaturas preguiçosas, cansadas, gananciosas e enfadonhas da abundância grosseira jogada na nossa cara com tanto sensacionalismo. Infelizmente, à distância, parece que muitas pessoas se resignaram, que desistiram do seu notável potencial, que estão conformadas em rastejar em vez de voar alto, correndo o risco de se transformar em uma cultura de pessoas lentas, com metas pouco ousadas, pirralhos vomitando negatividade e trocando acusações entre si.

Uma por uma, testemunhamos muitas pessoas com quem nos importamos serem sugadas pelo terrível redemoinho da negatividade. A energia de tudo isso é palpável, e deve ser nosso dever mudá-la.

O objetivo principal de nossa existência deve ser reacender a magia da vida. Não devemos ficar na escuridão das dúvidas, nas sombras dos tristes ou nas garras dos vampiros que sugam nossa energia. Devemos lembrar que o propósito da vida é *viver* — de forma livre, vibrante, alegre, louca, consciente, amorosa e entusiasmada. A natureza nos deu uma carga intrínseca para tal vida, e é hora de voltar a acioná-la.

Temos de ser pessoas radiantes, gratas e alegres, desfrutando de nossas bênçãos e batalhando alegremente em direção aos nossos sonhos sob o sol brilhante e amoroso do Divino. São necessárias apenas vontade e condicionamento para desfrutar dessa vida. Façamos a escolha de reexaminar nossas atitudes e nossa orientação ante a vida, de modo a cultivar um pulso mais positivo e presente. Declaremos: *devemos praticar alegria e gratidão.*

A JOIA DA VIDA

A maior das liberdades humanas é a capacidade de escolher, a qualquer momento, a paleta de cores do nosso céu emocional. *Somente nós podemos ativar a energia e a emoção através das quais conduzimos a vida.* Se quisermos sentir alegria e gratidão na vida, devemos direcionar crenças e comportamentos para atingir esse objetivo. E devemos fazê-lo constantemente, com tanta força e repetição que essas emoções se tornem as tonalidades da nossa postura diária. Essa não é uma tarefa fácil, mas que seja a nossa missão.

Talvez o requisito mais importante de uma vida boa seja ter consistência mental para manter a alegria e a gratidão mesmo diante de dificuldades, dor e injustiça.

Este é o requisito do domínio próprio e da felicidade. Portanto, cabe a nós perceber quando estamos entediados ou deprimidos — e nos forçar a sair desse estado para nos relacionarmos com o mundo com um sorriso. Cabe a nós valorizar nossa equipe mesmo quando um projeto está dando errado, e sermos gratos ao nosso cônjuge mesmo em meio a um conflito.

Não poderá haver domínio da vida se não conseguirmos transformar a energia que sentimos em determinado momento em envolvimento alegre e em profunda admiração. Os autoproclamados "realistas" afirmarão que isso é impossível.

Eles, que abandonaram a esperança, dirão que o mundo é por demais estressante e cruel, que a genética e o ambiente estão fadados a se sobrepor à vida e aos sentimentos. Vão insistir que a mente inconsciente e os impulsos reptilianos de medo e egoísmo governarão nossos dias, não importa o que façamos.

Mas deixemos que a nossa própria mente decida o que é real e o que é possível para nós. Deixemos que nossos olhos vejam, entre os rostos entediados e maltratados, algo totalmente diferente e mais brilhante. Há aqueles cujos rostos estão tão iluminados pela vida que servem como lembrete ofuscante, em meio à escuridão do nosso tempo, de que a alegria, o carisma e a esperança ainda existem. Estes são os energizadores, indivíduos alegres que inspiram e animam aqueles que os rodeiam, *embora* suas próprias origens, genética e ambientes lhes deem razão para serem apáticos e distantes. Também podem ter vindo de um lar desfeito ou da pobreza. Mas, em vez de escolherem a amargura, parecem plenamente conscientes e profundamente gratos pelas suas bênçãos, mesmo quando estas são menores e mais escassas do que outras. Esses poucos, os energizados, felizes e agradecidos entre nós, não têm "sorte" nem devem ser invejados. Pois seus tesouros estão à disposição de todos nós. Seus tesouros são uma postura deliberadamente escolhida.

Não estamos cegos para o fato de que é difícil escolher a alegria em um mundo agitado, caótico e muitas vezes cheio de ódio. O contágio social da negatividade se espalha rapidamente, porque a mente humana lhe é suscetível. Estamos programados para sentir e espelhar a energia emocional que nos cerca. Deparar-se com o medo no rosto de alguém pode desencadear um estado de medo. Esse contágio emocional já teve benefícios primitivos. Foi uma bênção em tempos de grave perigo. Quando o rosto dos nossos amigos se contorciam de medo e eles começavam a fugir de alguma ameaça que não podíamos ver, percebíamos o rosto aterrorizado e automaticamente sentimos medo e fugimos atrás deles antes mesmo de entender qual era a ameaça. Isso evitou que fôssemos comidos ou mutilados por um animal à espreita ou por um bando de assassinos.

Mas essa proteção primordial é hoje um inimigo mortal. Sem predadores à caça da nossa carne, com pouco a temer a não ser o próprio medo, em um mundo cheio de pessoas entediadas, medrosas e taciturnas, este impulso espelhado pode arruinar a nossa vida. A energia das massas é, na melhor das hipóteses, uma energia inferior, um espaço emocionalmente sombrio criado por pessoas confusas e cínicas que operam sob privação de sono, bastante estresse e um desejo frenético de estar em outro lugar, com outras pessoas, desempenhando outra atividade. Devemos nos perguntar: *"Devo espelhar a energia deles? E espelhar seus pensamentos e sua linguagem?"*.

Quando o cínico banal e perplexo diz que o mundo está indo para o inferno, deveríamos deixar nossa mente procurar automaticamente a confirmação dessa realidade? Será que deveríamos permitir que a mente também procure algo do que reclamar? Vamos deixar que toda a energia negativa e carente do mundo se infiltre e estrague a nossa motivação ou a nossa serenidade?

Não devemos nos tornar catástrofes do espelhamento energético. Devemos usar a consciência para dominar os impulsos espelhados. Quanto mais automaticamente nos permitimos sincronizar com os níveis de energia dos outros — a menos que sejam as energias emocionais de alegria, amor e entusiasmo que desejamos sentir —, mais reduzimos nosso poder pessoal. Quanto mais nos alinhamos à linguagem e à atitude pobres das massas que se afogam, mais soamos como eles e parecemos vítimas. Jamais devemos esquecer que o mundo é repleto de pessoas distraídas que anseiam pela Liberdade Pessoal, mas que muitas vezes optam por agir a partir do medo. Assim, se não estivermos conscientes da vontade e da vigilância, corremos o risco de cair na tragédia dessas pessoas. *A vida pode perder a sua aura vibrante e o seu encanto se não direcionarmos a energia da nossa mente para um engajamento e apreciação positivos.* Portanto, retomemos o foco e nos lembremos das riquezas: a alegria é a joia da vida, a gratidão, o ouro.

O MESTRE ALEGRE

Qual a magia dos poucos alegres que iluminam o mundo? Onde encontram tanto prazer na vida, e como exalam tanta positividade?

A fórmula deles é simples. Os alegres são simplesmente mais conscientes e consistentes nas suas tentativas de sentir e gerar alegria e gratidão. Esforçam-se mais, fazendo da alegria uma prática, um hábito, uma condição consistente de seu caráter, uma arte social duradoura em tempos sombrios e chatos.

Estabeleceram como objetivo levar uma vida feliz. É isso.

Sem enganações, sem truques. Apenas as forças simples em ação que sustentam a motivação: atenção e esforço voltados para aquilo que desejam.

Esta resposta não é popular. Não é fácil admitir que não tentamos com frequência ou o bastante. No entanto, se falta alegria na vida, devemos aceitar a verdade nítida de que muitas vezes não direcionamos a vontade para a alegria. Podemos mentir e alegar que é mais fácil para as pessoas alegres do que para nós. Mas todos conhecemos pessoas felizes que têm menos sorte e saúde do que nós.

Olhemos para a instrução daquelas pessoazinhas felizes ao nosso redor. As crianças têm uma alegria natural. Sua curiosidade, ausência de expectativas, prazer nas pequenas coisas e total imersão no momento são sementes automáticas de alegria. Podemos aprender com elas. O que aconteceria se adotássemos na vida as inclinações naturais delas para a alegria? Poderíamos passar a ser mais curiosos com relação ao que nos circunda? O ato de nos libertar das expectativas, principalmente da expectativa de que a perfeição deveria nos acompanhar aonde quer que formos, não trará novas delícias? Será que podemos obter prazer na simplicidade e esperar que coisas boas surjam em nosso caminho? Não há dúvida de que fazer isso mudaria nossa vida.

Voltemos, então, às instruções das crianças felizes: *seja curioso. Livre-se da expectativa. Tenha prazer na simplicidade e espere coisas boas. Mergulhe com prazer no momento presente.* Deixemos que isso se torne nossa prática, nosso domínio e nossa arte.

Aqueles que aperfeiçoam a arte de trazer alegria todos os dias em sua vida não são diferentes de qualquer outro mestre — dedicam-se tanto a determinada coisa que logo ela se torna *brincadeira*. Os maiores artistas e atletas, os executivos e empresários de maior sucesso, os trabalhadores mais felizes e os líderes mais respeitados, todos se entregam ao seu trabalho com grande zelo e entusiasmo. Seus esforços são como um jogo. Mergulham com alegria, como se brincassem com suas forças em um grande parquinho de areia. Não parecem zangados, confusos, frustrados nem inquietos, e sim relaxados e sossegados. Mesmo em meio ao caos e à turbulência, encaram as dificuldades com alegria intensa e espirituosa. Envolvem-se com o desafio e o honram como se o esperassem e o aceitassem. Mesmo em meio ao desconforto da complexidade progressiva na construção da vida e da carreira, muitas vezes parecem imperturbáveis e quase serenos. Com frequência cantam conforme trabalham, e sorriem quando estão perplexos e atarefados. Dedicam-se e se esforçam com devoção, com o intuito de se manterem positivos e alegres, cientes de que um dia sua diligência os transformará em mestres e de que um dia terão sua vitória e sua transcendência. *Estes são os mestres alegres.*

Os mestres alegres sabem que dificuldade nem sempre é sinônimo de sofrimento. Devemos aprender com eles e lembrar que pode haver alegria e entusiasmo em satisfazer as exigências da vida, em ir além da zona de conforto, superar momentos de esforço intenso e de poucas concretizações.

Os mestres alegres sabem que a vida é uma jornada, uma aventura difícil e emocionante cujo destino importa menos do que a paixão e a liberdade experimentadas ao longo do caminho. Devemos aprender com eles e lembrar que, mesmo quando estamos cansados ou inseguros, podemos sentir presença e desejo em cada momento.

Os mestres alegres sabem que, em meio a todo o caos e conflito, toda a pressa e maldade do mundo, *existe algo sólido dentro de nós que é belo, estável e bom*. Tal como eles, podemos ter a sensação de que a mente e a alma estão frescas, puras e limpas, mesmo quando nos debatemos em meio à densa confusão da humanidade.

Os mestres alegres sabem que nada de bom vem com facilidade, mas que todas as coisas podem ser encaradas com paz. Tal como eles, podemos demonstrar graça mesmo no aperto da dor, e enfrentar as longas provações com serenidade, dignidade e entusiasmo por um novo dia.

Os mestres alegres sabem que, com o tempo, todos vão encontrar o seu caminho, por isso as virtudes definitivas são a paciência e o amor. Tal como eles, podemos aprender que não há necessidade de forçar nem coagir os outros a compartilhar da nossa busca ou das nossas alegrias. Não importa quão relutante ou sem direção alguém pareça estar neste momento ou neste ano, sabemos que todos, um dia, vão achar seu caminho para o próprio senso de liberdade.

Oremos para encontrarmos a vontade e a força para aprender tais coisas, para praticá-las e para nos tornarmos tais mestres.

O CAMINHO DA GRATIDÃO

Não deveríamos focar a sombra no canto e sermos estúpidos a ponto de ignorar o fato de que ela só existe porque a sala está iluminada. Há luz por toda parte, há muito pelo que agradecer neste mundo aparentemente sombrio e, portanto, tudo o que devemos fazer é desviar o olhar da sombra e mirar o oceano de luz e graça divina no qual temos a bênção de viver.

Para os sintonizados e agradecidos, a cascata de bênçãos do universo parece uma magnífica cachoeira de sorte e maravilhas. Ao procurarmos coisas pelas quais sermos gratos, não precisamos ir muito longe. Basta liberar o ego, abandonar a persona que pensa ter criado todas as coisas ou que deve aperfeiçoar todas as coisas, e aceitar o natural, o inexplicável e a energia que nos agraciou com vitalidade e um mundo de magia.

Uma vida vibrante e feliz começa no caminho da gratidão.

Portanto, sejamos mais gratos a cada dia:

- Que eu seja grato por toda a luz que me rodeia.
- Que eu seja grato a todos os cuidadores que me inspiram.
- Que eu seja grato ao meu namorado, que enxerga além dos meus defeitos.
- Que eu seja grato às mulheres e aos homens que arriscam a própria vida para proteger as minhas liberdades.
- Que eu seja grato pelo azul do céu e pela beleza do mundo natural.
- Que eu seja grato pelo coração que pulsa vida pelo meu corpo.

- Que eu seja grato pelo descanso da noite passada, não importa sua duração.
- Que eu seja grato pelos meus dons de livre-arbítrio, vontade e resistência.
- Que eu seja grato aos meus mentores e aos traidores que também me ensinaram.
- Que eu seja grato por não viver em necessidade e miséria profundas.
- Que eu seja grato pela minha casa, pelo meu pão de cada dia, pela minha água limpa.
- Que eu seja grato pela oportunidade de trabalhar, criar e ganhar.
- Que eu seja grato pela sorte que me impulsionou e pelos desastres e tribulações que me ensinaram.
- Que eu seja grato pela folha em branco que cada manhã representa.
- Que eu seja grato pela minha respiração e pelo momento em branco que tenho em mãos.
- Que eu seja grato ao meu Criador.

É ao encontrar tantas situações pelas quais sermos gratos que nos tornamos agradecidos e *vivos*. Assim como fizemos com a alegria, tenhamos como objetivo nos tornarmos mestres da gratidão.

SOMOS ABENÇOADOS

Como manter tanta alegria e gratidão na vida?

Devemos lembrar sempre que o estado emocional é uma escolha, uma seleção a partir de uma ampla gama de reações e sentimentos à disposição a todo momento. Assim como uma usina não tem energia, e sim gera energia, não *temos* felicidade, nós criamos, geramos e transformamos energias inferiores em energias superiores. Da mesma forma, não *temos* alegria ou gratidão — nós as geramos e experimentamos por meio da vontade.

Podemos fazer da alegria e da gratidão um hábito e um padrão diário simplesmente ao medir a frequência com que cultivamos tais emoções. Várias vezes por dia, podemos avaliar o nosso sucesso nos perguntando: "Em uma escala de 1 a 10, quanta alegria e gratidão estou trazendo para este momento?".

Há muito poder nesta frase. Não perguntamos quanta alegria e gratidão *experimentamos* no momento, como se de alguma forma tivéssemos direito a emoções tão nobres. Estamos assumindo responsabilidade — quanto disso estou *trazendo*?

Ao avaliarmos nossa realidade emocional, nos tornamos mais conscientes e permitimos que a mente decida se a resposta é aceitável com base na qualidade de vida que buscamos. Se vivermos com baixos níveis de alegria e gratidão, nossa natureza intuitiva vai exigir que ampliemos o foco e a emoção. Talvez possamos estar gratos pela autocensura que leva mente e alma a níveis mais elevados de energia quando sabemos que poderíamos ser mais felizes e mais gratos. Sim, sejamos gratos por isso e por todas as coisas, pois somos abençoados.

Declaração VI

NÃO DEVEMOS COMPROMETER A NOSSA INTEGRIDADE

*Primeiro diga a si mesmo o que você será;
então, faça o que você tem de fazer.*
EPITETO

Nos momentos mais sombrios, somos tentados a comprometer nossa integridade — a abrir mão de quem somos, daquilo em que acreditamos e do que sabemos ser certo, verdadeiro e bom. Surge uma oportunidade de sermos fracos e desalmados, e ela é aproveitada. Brota um impulso de sermos cruéis, de trapacear ou de nos desviar dos próprios sonhos, e infelizmente o seguimos. Justamente quando é mais fundamental, esquecemos o que é importante e abandonamos as convicções morais mais elevadas. Fazemos uma promessa importante aos filhos ou à equipe, mas não a cumprimos. Atacamos com raiva aqueles que amamos quando estão mais vulneráveis. Mentimos para alguém de quem gostamos, mesmo sabendo que a pessoa está desesperada para ouvir a verdade. Deixamos a decepção vencer e desistimos precocemente dos sonhos só porque tropeçamos, caímos e fizemos uma bagunça. Calamos a voz quando temos a oportunidade de brilhar, escondendo nosso verdadeiro eu às custas da autenticidade e do crescimento. Agimos com indiferença ou covardia justamente quando o mundo precisa de nossa presença e nossa força. Nesses momentos experimentamos uma súbita ruptura da mente e do espírito, uma ausência de virtude, uma descida aos planos sombrios do egoísmo e da irresponsabilidade.

Talvez nem sempre seja tão dramático. Nem todas as vezes em que comprometemos nosso caráter são, como os filmes costumam retratar, centradas em decisões cruciais e incômodas. Não há arrancar de cabelos enquanto tentamos desesperadamente descobrir o que precisa ser feito, como se um grande dilema existencial estivesse em curso. Não há debate dramático em praça pública nem um conflito tão acalorado que alguém cai no chão porque não suporta ceder um centímetro. Não, a maioria das vezes em que comprometemos a integridade é em pequena escala e passa despercebida. Muitas vezes ocorre quando estamos ocupados demais para prestar atenção. Não percebemos que fomos grosseiros. Não notamos que se tornou um hábito agir de forma distante de quem somos, contar pequenas mentiras, nos irritar com facilidade, guardar nossas ideias e não passá-las adiante, falar demais sobre nós mesmos, fofocar, procrastinar, ridicularizar, chegar atrasado, esquecer-se de agradecer e de quem amamos. Quebramos o ritmo de quem somos e de como queremos que os outros nos vejam por causa de pequenos atos que não percebemos que estavam se consolidando em um personagem que provavelmente não estava à nossa altura.

É hora de nos lembrarmos de que os pensamentos e ações de hoje se tornam o nosso legado. Quando esquecemos isso ou mentimos para nós mesmos dizendo que ações não importam, nos permitimos agir como bufões. Corrompemos, só dessa vez, os nossos valores. Trapaceamos, só dessa vez. Mentimos, só dessa vez. Adiamos a tarefa difícil, só dessa vez. Pulamos o treino, só essa semana. Continuamos a beber, só mais uma dose. E logo descobrimos que cada uma dessas sutis rupturas na vontade leva a outra, e depois a uma vida inteira de concessões e arrependimentos. Sem vigilância, o que é certo e forte no espírito humano pode ser reduzido e destruído para sempre.

Não esqueçamos que as nossas ações formam, peça por peça, uma estrutura que pode ser tanto aprumada quanto torta. E, portanto, procuremos ser a nossa melhor versão, mantendo intactos o carácter e os valores, enfrentando todas as situações com integridade sólida e generosa humanidade. Quando a próxima tentação vier nos tornar fracos e cruéis — e ela virá —, vamos recusar. Haverá uma recusa forte e fundamentada a nos dobrarmos, uma determinação em não nos comprometermos nem nos rebaixarmos, uma poderosa elevação que advém de fazer o que é certo, uma grande ascensão a outro domínio do caráter humano de quando somos coerentes com a natureza divina.

A Liberdade Pessoal e a esperança da humanidade se baseiam no compromisso de permanecermos fiéis a nós mesmos, aos nossos sonhos, à nossa palavra, à nossa bondade e à nossa natureza amorosa. Ao nos recusarmos a flexibilizar valores, *nós* nos tornamos inquebráveis — sólidos e estáveis, corajosos e seguros, homens e mulheres de valor, integridade e caráter. Vamos construir uma vida da qual nos orgulhemos. Declaremos: *não devemos comprometer a nossa integridade.*

OBTENDO NITIDEZ

Quando somos incoerentes, agindo de formas não alinhadas a nossas crenças, nos sentimos "desconectados", frustrados, arrependidos e, com o tempo, infelizes. No entanto, quando alinhamos pensamentos e ações com os nossos valores e prioridades, desfrutamos das bênçãos de uma vida escolhida e satisfatória. Saber disso exige que nos façamos duas perguntas:

"Quem sou eu? O que é importante para mim?". Essas podem ser duas das mais importantes questões da vida. Nenhum poder pessoal profundo ou liberdade plena pode pertencer àqueles que não sabem essas respostas.

Para encontrar a resposta a perguntas tão assustadoras, é válido analisar as qualidades que desejamos em três áreas distintas da vida: caráter, conexões e contribuições.

Sobre o caráter

Pouquíssimas pessoas fizeram um trabalho profundo na definição de seu caráter — a identidade específica que desejam ter. Elas simplesmente reagem ao mundo por capricho, sem prestar qualquer atenção de verdade ao tipo de pessoa que desejam ser ou se tornar. Sem identidade específica em direção à qual agir, tornam-se amálgamas dos desejos dos outros e das circunstâncias e culturas em que vivem. Não têm um caráter de fato, porque são escravas do impulso e do mimetismo.

Compare isso a uma mulher que possui grande autoconsciência. Se estiver extremamente consciente e comprometida em ser uma pessoa gentil, raramente será grosseira. Se ela se definiu como profundamente empática, vai desenvolver intencionalmente a disciplina para ouvir mais, ajudar mais e amar mais. Ela trabalha para alinhar todos os pensamentos e hábitos com a pessoa ideal que deseja ser. *Consciência e disciplina lhe dão a liberdade para viver seu potencial.*

Temos esse nível de domínio próprio? Sabemos quais qualidades de caráter fariam com que nos sentíssemos congruentes, felizes e completos? Se não sabemos, devemos perguntar: "Se eu morresse amanhã, como gostaria que os outros se lembrassem de mim? Quais palavras e frases exatas eu ficaria feliz em ouvi-los usar para me descrever? Quando oriento minhas decisões e ações hoje, quais palavras e frases exatas devem penetrar minha mente e me inspirar a ser um bom ser humano?". As respostas a essas perguntas nos dão foco na vida. Se queremos ser lembrados como vibrantes, gentis, inteligentes, amorosos e corajosos, então podemos escolher viver alinhados com tais descrições.

Para alguns, essa parece uma premissa muito básica. Mas o bom senso nem sempre é uma prática comum.

Quantas vezes não causamos dor a nós mesmos porque não conseguimos parar e pensar: "Como a melhor versão de mim veria essa situação e como responderia a ela?".

Este deve ser o nosso dia para definir o melhor de quem somos e o que vamos defender. Hoje à noite, no brilho da gratidão pelo nosso livre-arbítrio, vamos escrever as palavras e frases que descrevem a nossa identidade ideal. Use papel e caneta bonitos. Carregue consigo para todos os lugares. Olhe para estas palavras, decore-as, verbalize-as — *torne-se* elas. Quanto mais alinharmos as ações com essa identidade, mais livres, motivados e completos seremos. A vida parecerá mais brilhante e mais nossa, mais profunda e satisfatória. O destino vai sorrir para nós, e seremos recebidos nos portões do céu como pessoas com propósito e integridade.

Sobre a conexão

Devemos definir também como vamos interagir com o mundo. Que tipo de experiências queremos ter com as pessoas importantes em nossa vida?

Aqueles que não refletem sobre isso sempre fracassam nos relacionamentos. Imagine o homem que não tem nitidez ou comprometimento com a qualidade das interações que mantém com a esposa. Se ela estiver chateada, é provável que ele simplesmente espelhe os sentimentos e frustrações dela. Mas o marido deveria dizer para si mesmo: "Vou ser um marido presente, estável e sólido para minha esposa, e isso significa que vou estar alerta e atento aos seus sentimentos. Vou ouvi-la com atenção e procurar ser empático e solidário, mesmo em momentos de crise ou conflito". Ele pode ir para uma especificidade ainda maior em suas interações, pensando em como gostaria de se conectar com ela durante o jantar, durante o trajeto para o trabalho, nas férias, nos momentos em que atravessam desafios com as finanças ou com os filhos. Quanto mais atento ele estiver *antes* dessas situações, mais intencional e consistente se tornará durante elas. Sua integridade se torna pública e real, e em breve vai se sentir orgulhoso — e amado — por suas ações.

Deveríamos sentir e escrever estas coisas: *quem é importante para mim, e por quê? Como devo interagir com essas pessoas para que se sintam apreciadas e interajam com a minha melhor versão? Que tipo de pessoa devo me tornar para estar contente com a forma como trato os outros?* Amanhã, portanto, devemos acordar e dedicar todos os esforços para ser esse tipo de pessoa, e interagir com os outros do modo como queremos. Se pudermos fazê-lo todos os dias da vida, então, quando nossas horas finais se aproximarem, estaremos cercados por aqueles que amamos e a quem servimos; eles nos dirão por que nos amaram, e um largo sorriso se abrirá em nosso rosto, ciente de que suas descrições revelam algo importante — que vivemos e amamos em coerência com o coração e com a mais alta humanidade.

Sobre a contribuição

Por fim, vamos definir as contribuições que desejamos dar. O que queremos criar, construir, moldar, compartilhar ou proporcionar? Além das interações com as pessoas, quais coisas desejamos lhes proporcionar ou lhes deixar? Quais evidências palpáveis da criatividade e da vida queremos deixar nesta terra?

Muitas pessoas não param para pensar em tais questões e, por isso, estão negociando sua integridade, dia após dia, em tarefas insatisfatórias. Não estão trabalhando em prol de algo real e significativo, algo que sabem que lhes trará alegria e realização. Aceitam projetos demais só para agradar aos outros, à custa da própria satisfação e da própria alma. Se tivessem sido proativas na definição do que lhes é significativo e importante, poderiam ter evitado se sentirem tão distraídas e insatisfeitas. Não há razão para sofrermos o mesmo destino. Vamos nos sentar mais uma vez com a caneta na mão e escrever os projetos e objetivos que nos trazem energia, entusiasmo e significado. Já os escrevemos antes, mas, ao escrevê-los, nos reconectamos com a motivação e o potencial. Então, o que teremos orgulho de proporcionar e realizar na vida? Qual serviço vamos prestar? Qual arte vamos criar e deixar para o mundo? Que diferença vamos fazer? Dessas questões nasce uma existência relevante. Porém, sem visão dessas coisas, não temos nada a que nos alinhar. *Onde não há nitidez, não tem como haver integridade.*

Armados com intenções sobre quem desejamos ser, como desejamos interagir com os outros e o que desejamos proporcionar, tornamo-nos pessoas conscientes. Ganhamos todo o poder do nosso potencial pessoal.

AS SEIS PRÁTICAS DA INTEGRIDADE

Sabedoria é ter conhecimento de quem ser e o que fazer em determinada situação; virtude é agir de acordo com essa sabedoria. Todos compreendemos que deveríamos ser pessoas atenciosas, gentis, amorosas e felizes, mas nem todos escolhemos ser assim. O abismo entre o saber e o fazer é o lugar escuro onde as pessoas se perdem. Cada violação a valores e virtudes é um golpe contra a integridade e a felicidade. Entretanto, cada vez que tomamos posição para expressar a nossa integridade é um tijolo a mais acrescentado à ampla estrutura de caráter que construímos a cada dia.

Portanto, devemos escolher práticas de vida sábias. A primeira prática de integridade é *pensar antes de agir*. Nenhuma decisão ou ação importante deve ser tomada sem consideração às principais categorias da vida: o bem-estar pessoal, os relacionamentos e as responsabilidades sociais. Devemos nos perguntar: "As escolhas que estou prestes a fazer vão contribuir para a minha sanidade e felicidade, bem como a saúde e o bem-estar da minha família e da minha comunidade? O que aconteceria se as minhas escolhas e ações fossem transmitidas no telejornal da noite — eu ficaria orgulhoso delas?". Deixar de fazer essas perguntas levou muitas pessoas boas a se tornarem vis.

A segunda prática de integridade é *nunca nos comprometermos com nada onde nos falte paixão*. Devemos parar de dizer sim a tudo, pois muitos dos nossos fracassos ocorreram porque começamos algo sem entusiasmo. À medida que nos tornamos adultos mais maduros e esclarecidos, percebemos que se uma oportunidade nos for apresentada e ela não obtiver de nós quase cem por cento de entusiasmo e comprometimento, então a resposta deve ser cem por cento *não*. Com frequência, comprometer a integridade significa realizar repetidamente tarefas que não amamos com pessoas de quem não gostamos. A vida não foi feita para ser um caso de amor apaixonado com nosso trabalho, nossa fé e com aqueles que somos abençoados por conhecer, cuidar e servir? Então vamos manter essa paixão acesa ao usar o tempo com sabedoria.

A terceira prática é *manter a nossa palavra*. Se dissermos que vamos encontrar nosso cônjuge ao meio-dia, devemos chegar antes do meio-dia. Quando prometemos concluir o projeto até quarta-feira, devemos entregá-lo na quarta-feira. Se dissermos a outra pessoa que pode confiar em nós, então não devemos fazer fofoca. Esta prática é uma das artes mais elevadas da vida: nos mantermos verdadeiros, nobres e confiáveis. Imagine chegar ao final da vida e dizer: "Eu era uma pessoa com quem as pessoas podiam contar. Aparecia quando dizia que ia. Dei o que disse que daria. Tive compromisso porque me importava com a minha integridade e com as pessoas em minha vida". Devemos rezar para que seja possível conduzir uma vida assim, e devemos complementar essas preces com ações para que isso aconteça.

A quarta prática é *sempre tratar os outros com respeito*. Aqueles que refletem sobre sua vida muitas vezes lamentam ter tratado mal as pessoas. Quase todo sofrimento nos relacionamentos pessoais vem da falta de respeito com os outros. Mas poucas pessoas têm uma definição nítida do que significa respeitar o outro. Respeitar significa não fazer mal; permitir que outros tenham o direito de se expressar; e honrar o fato de que os pensamentos, sentimentos e atitudes deles são reais e justificáveis em sua mente, mesmo que os consideremos irrelevantes ou equivocados. Respeito não significa necessariamente aprovação; pode-se respeitar o direito de outra pessoa falar, mas não necessariamente aprovar o que é falado. Respeito significa que vemos os outros fazendo o melhor a partir do que têm, de quem são e do que receberam da vida, mesmo se considerarmos que seus esforços são insuficientes de alguma forma. Significa vislumbrar a divindade nos outros e jamais deixar entrar o desrespeito em nossa vida ao nos projetarmos nos demais.

A quinta prática é *dizer a verdade*. Em quantos problemas nos metemos pelas mentiras? Quantas de nossas maiores preocupações ou tensões não foram amplificadas por uma mentirinha? A mulher que conta muitas mentiras é forçada a conduzir muitas vidas, carecendo assim de caráter e mente singulares.

O homem que mente hoje será assombrado amanhã, condenado até que o espectro da própria mentira se revele diante de todo mundo, momento este em que ele vai sofrer na iminência do julgamento dos outros. Interna e externamente, a única garantia é a dor. Mentir para si mesmo ou para os outros, então, é ferir a si mesmo. Não devemos nos permitir a facilidade temporária de contar qualquer mentira; o custo a longo prazo é sempre constrangimento e arrependimento. Não devemos destruir a nossa integridade por meio de uma sequência de mentirinhas.

A sexta prática é *sempre dar preferência à ação*. Se ficarmos em dúvida e procrastinando à margem da vida, vai ser como se estivéssemos à beira de um rio e não entrássemos para salvar uma criança que se afoga. Quando vemos uma mulher bonita e desejamos falar com ela, mas não nos aproximamos, o arrependimento virá a seguir. Se sonharmos em começar uma nova carreira, mas nunca agirmos, o arrependimento vai acabar por nos consumir. Quando a mente quer algo por razões boas e significativas e não corremos atrás disso, é como rejeitar nosso eu. Quanto menos agimos, menos integridade teremos com o coração e a mente. Quanto menos confiamos em nós mesmos, menos nos conhecemos e menos nos amamos. Portanto, devemos lembrar que a integridade se encontra em ações que contribuem para os nossos desejos e valores genuínos.

Nenhuma dessas seis práticas exige algo extraordinário — todas são impulsos naturais. Mas é o fracasso diário na manutenção delas que provoca a maior parte do sofrimento. Quanto mais exercitamos tais práticas, mais experimentamos a felicidade humana.

Por que admiramos e respeitamos universalmente Gandhi, Mandela, Madre Teresa, Abraham Lincoln ou qualquer outro líder ou lenda do panteão da história? É porque se orientavam por essas práticas baseadas na integridade. Defenderam alguma coisa. Não romperam com os valores em que acreditavam só porque enfrentaram dificuldades. Eram pessoas boas que mantiveram a integridade em suas palavras e suas ações. Podemos seguir seu exemplo. Podemos nos tornar pessoas fortes, orgulhosas e respeitáveis. Tudo o que devemos fazer é tornar a integridade uma *prática* para a vida inteira.

AS SETE TENTAÇÕES

Assim, vamos antecipar as situações com maior probabilidade de nos fazer comprometer a integridade. Em uma impressionante falta de autoconhecimento, as pessoas muitas vezes ficam surpresas com o fato de determinadas circunstâncias as levarem a reagir de maneiras que não estão à sua altura. É como se nunca tivessem prestado atenção quando outras pessoas ficavam irritadas ou infelizes e, portanto, nunca tivessem aprendido a evitar que ficassem da mesma forma. Foram estúpidas diante das lições do mundo e, por isso, regularmente se comportam de maneira igualmente estúpida.

Talvez seja hora de rever o que aprendemos com a lição dos sábios e com a nossa própria experiência. A esta altura, todos já deveríamos saber que podemos facilmente comprometer a integridade quando sentimos ou reagimos a qualquer uma destas coisas: *impaciência, decepção, desespero, agressão, mágoa, lealdade* e *poder*. Essas são as Sete Tentações. Devemos conhecê-las bem a fim de podermos nos preparar e nos manter fiéis à melhor versão de nós mesmos quando nos depararmos com elas.

A tentação da impaciência

Comecemos pela *impaciência*. Em dado momento da vida, todos nos perdemos quando nossa paciência é testada. Mesmo que nos consideremos pais gentis e amorosos, quando os filhos ignoram nosso quinto pedido para se acalmarem é fácil explodirmos de raiva. Se o novo negócio não tiver sucesso tão logo quanto desejamos, será fácil desistir da busca pelo nosso sonho.

A falta de paciência tornou mesquinhos muitos homens bons, fracassos dezenas de possíveis sucessos, e fez inúmeras boas ideias serem abandonadas quando estavam prestes a se tornar realidade. Também levou a quase todos os males culturais relacionados à ganância e à má tomada de decisões financeiras — o foco desprezível no lucro a curto prazo em vez do crescimento a longo prazo.

Pessoas livres e conscientes desenvolvem um alto nível de inteligência emocional que as alerta quando ficam apressadas, impacientes ou irritadas demais. Por meio da prática e da disciplina, condicionam sua mente a emitir um sistema de alerta preliminar que diz: "Estou em pânico e provavelmente vou tomar uma decisão errada. Preciso respirar e desacelerar. Seria mais inteligente e responsável me acalmar agora, superar o estresse do momento e depois fazer o que é melhor a longo prazo".

Podemos começar a desenvolver essa habilidade ao refletir sobre os momentos em que estávamos impacientes: "Quando foi a última vez em que ofendi um ente querido por causa da minha incapacidade de manter a paciência e a perspectiva? O que eu poderia ter feito melhor naquela situação para me acalmar? Quais outras situações parecem me encher de impaciência todas as vezes que ocorrem? Como vou escolher reagir nessas situações no futuro?". Quanto mais refletimos sobre os momentos em que nossa impaciência nos dominou, menor será a probabilidade de repetirmos falhas de caráter.

Quando miramos o futuro, devemos imaginar como queremos ser lembrados. O bom pai deseja que seus filhos digam: "Meus pais foram pacientes e amorosos comigo". O bom empresário deseja que seus funcionários digam: "Sou grato pelo fato de o nosso fundador ter superado as dificuldades e mantido viva sua visão, em vez de desistir logo de cara".

Nada do tipo deveria nos surpreender. Os sábios sempre ensinaram: "A paciência é uma virtude". Para mantermos a integridade, façamos desse clichê uma prática corriqueira.

A tentação da decepção

Muitas pessoas comprometem sua integridade por causa da decepção. As circunstâncias não saem como elas esperam e seu ego arde e espuma, fazendo com que quebrem compromissos consigo mesmas e com os outros. É a mulher que tenta um novo programa de perda de peso e obtém resultados, mas, como não perdeu *tanto* peso quanto esperava, quebra as resoluções e retoma os velhos hábitos. É o funcionário que promete trabalhar mais, porém, ao ver seus primeiros esforços passarem despercebidos, logo volta à mediocridade. É o empresário cuja primeira tentativa termina em fracasso, então decide voltar a um trabalho triste para ter uma melhor sensação de segurança.

Para a maioria das pessoas, o problema não é a decepção; é o que fazem depois de se sentirem decepcionadas: *desistir*. A decepção é só a desculpa que pessoas tacanhas usam para justificar o desejo de desistir e desfrutar de uma vida fácil ante o trabalho duro e as provações necessárias para conquistas reais.

Pessoas mais conscientes enxergam a decepção como uma consequência comum e inofensiva de se ter objetivos e padrões elevados. *Se não ficarmos decepcionados de vez em quando, não estamos tentando nada de novo, ousado ou significativo.* Portanto, temos de perceber que a decepção é necessária e não exerce poder real sobre nós. Na verdade, a decepção muitas vezes morre quando adotamos uma mentalidade de aprendizado. Em vez de ficarmos tristes ou frustrados a ponto de desistir, devemos simplesmente ficar curiosos e perguntar: "O que posso aprender aqui que vai me ajudar a mudar a abordagem? Quais lições devo aprender para que, da próxima vez, eu possa dar ainda mais o meu melhor e prestar ainda mais o meu melhor serviço ao mundo?".

O contraste não poderia ser mais evidente. Pessoas malsucedidas permitem que a decepção as detenha, as afastem de seus compromissos, valores e sonhos. Deixaram a decepção se transformar em *identidade* de fracasso. Pessoas de sucesso ficam decepcionadas, *aprendem e deixam isso para trás*. Usam a decepção para aumentar a competência, sem permitir que isso lhes afete o caráter ou destrua seus sonhos. Um perdedor decepcionado ou um empreendedor curioso? Devemos escolher, de uma vez por todas, a qual grupo pertenceremos.

A tentação do desespero

Os momentos mais previsíveis em que as pessoas comprometem a sua integridade são quando estão desesperadas, na iminência da derrota. O empresário à beira da falência decide fazer algo desonesto para ganhar dinheiro rápido, mas sujo. A pessoa carente de amor se compromete para ganhar aceitação e carinho. O aluno desesperado para corresponder às expectativas dos outros cola em uma sequência de provas. O homem faminto rouba para comer.

Todos já tomamos decisões erradas quando estávamos necessitados. Portanto, devemos lembrar essas decisões e buscar padrões: que ponto de necessidade nos levou ao comportamento equivocado? Como pensamos nos outros, no mundo e em nós mesmos nestes momentos nocivos ou irresponsáveis?

Como poderíamos ter agido de forma diferente — de uma forma que teria contribuído para nossa ascensão mais rápida e para um maior senso de integridade? Quais os compromissos ante situações semelhantes no futuro?

Seríamos bobos se acharmos que o desespero não vai nos cumprimentar novamente no futuro caso estejamos correndo atrás dos nossos sonhos. Vamos cair. Vamos passar por dificuldades e provavelmente, em determinado momento, perder dinheiro, status e influência. Vamos ser obrigados a reunir cada parte dos nossos recursos e respeito para continuar. Portanto, vamos decidir *agora* como nos comportar em tais momentos.

Em toda grande história há sempre uma cena em que o protagonista fica desesperado e com medo. O modo como se comporta nos momentos que se seguem determina se ele é ou não covarde ou vilão, uma pessoa íntegra e valorosa que salva o dia e cavalga orgulhosa rumo ao horizonte brilhante. Quando chegar a nossa hora, quando de repente cairmos num poço de necessidade, devemos agir de acordo com os nossos valores mais elevados e mostrar ao mundo do que somos feitos.

A tentação da agressão

As pessoas muitas vezes chegam ao fundo do poço quando respondem à agressão dos outros. Se sofrem bullying, tornam-se violentas. Se o cônjuge defende uma ideia de que não gostam, ficam furiosas. Se o chefe lhes diz com firmeza o que fazer, baixam a cabeça e assentem, mesmo quando discordam de todo o coração. No entanto, nosso objetivo nunca deve ser responder à assertividade de alguém com uma ação que nos torne menores, raivosos ou abusivos. Nada de bom vem de ficar amargo ou violento.

Quando os outros são agressivos, é hora de ficarmos hiperconscientes de nossas reações. Quando os outros nos pressionam, devemos simplesmente aceitar que estão agindo a partir do ego e, muitas vezes, da ignorância, e direcionar a própria mente para não nos rebaixarmos ao nível deles. É nesse momento que devemos nos perguntar: "Se eu excluísse minha raiva ou mágoa dessa situação e agisse com base na minha melhor versão, o que faria agora?". Responder corretamente a essa pergunta foi o que tornou Gandhi, Martin Luther King Jr. e Mandela tão focados, verdadeiros e admirados.

O mundo vai nos pressionar e nos irritar, e vai procurar nossa conformidade e obediência. As pessoas vão ser grosseiras, mesquinhas e distraídas. Portanto, devemos escolher um caminho mais elevado, nos mantendo fiéis aos valores e defendendo a paz mesmo no meio do que parece uma guerra. Com o tempo, vamos sempre descobrir que a paciência supera a agressão e o Amor supera o ódio.

A tentação da mágoa

A atenção também se faz necessária quando somos magoados ou experimentamos *qualquer* emoção negativa. Caso contrário, podemos nos tornar a mulher que se sente injustiçada e fica rancorosa, mesmo que não se enxergue como um ser humano rancoroso; o homem que ataca fisicamente outra pessoa porque um insulto verbal o fez se sentir diminuído; o líder que decide inviabilizar um projeto inteiro porque ficou constrangido.

Esta é uma área que precisa ser analisada. Devemos nos perguntar: "Como costumo agir quando estou magoado? Como vejo as outras pessoas e reajo a elas quando estou de mau humor? Quais lembretes posso dar a mim mesmo da próxima vez em que me sentir magoado, para me manter fiel a mim mesmo e continuar progredindo na vida?".

A maturidade insiste para percebermos que, para nos sentirmos magoados, é preciso o mesmo que para nos sentirmos felizes: uma escolha consciente. Quando a mágoa surge no coração, devemos examinar se é útil ou não mantê-la por perto. Temos de compreender que ela é a nossa representação interior de uma situação à qual só nós damos sentido. Podemos sentir a mágoa, mas devemos deixar que se vá rapidamente, e nunca lançá-la de volta sobre os outros. *Integridade é aprender a se sentir magoado, mas não abraçar a escuridão dessa mágoa na alma nem lançá-la sobre outra pessoa.*

A tentação da lealdade

Nem todas as vezes em que comprometemos nossa integridade isso ocorre por autoproteção ou por falta de caráter. Com frequência, nos desviamos do que sabemos ser o correto por *boas intenções*. É um fato curioso que os mentirosos sejam na maioria das vezes pessoas boas e leais que mentem para proteger alguém que amam ou respeitam. É o homem que se considera um bom marido e mente para a esposa para não magoá-la, a suposta amiga que não quer expor a outra amiga que está tendo um caso, o líder que esconde informações para proteger a reputação da empresa.

No entanto, quando se opta pela lealdade em detrimento da verdade, a corrupção espreita. Pequenas mentiras para proteger aqueles que amamos, com quem trabalhamos ou de quem cuidamos se tornam mentiras maiores. Se mentimos pelos outros, desenvolvemos uma mentalidade de "nós contra eles", na qual erroneamente colocamos tanto eles quanto nós contra o mundo, sem admitir que as nossas mentiras ferem outras pessoas. Justificamos as mentiras como se fôssemos cegos ao seu inevitável efeito cascata de mágoas.

Não devemos mentir nunca? Qual outro objetivo poderíamos ter? Qualquer outra intenção é manchar voluntariamente nossa alma. Se nos encontrarmos em um momento que sentimos que devemos mentir para garantir a segurança ou a saúde, sejam nossas ou de outra pessoa, ainda assim devemos ser cautelosos. Muitas vezes acreditamos que um desastre total vai acontecer na vida se dissermos a verdade, e isso na maioria das vezes é falso. Há uma razão pela qual todos os textos espirituais dizem, de uma forma ou de outra, que a verdade nos libertará. Se as nossas costas ou as dos nossos entes queridos estiverem realmente contra a parede e danos indiscutíveis forem acontecer se falarmos a verdade, então o melhor que podemos fazer é preferir o silêncio em vez de palavras falsas. Podemos defender com honestidade aqueles que amamos, mas não precisamos contar mentiras para esconder suas atitudes irresponsáveis. Não precisamos escolher comprometer nosso caráter simplesmente porque o de outra pessoa foi comprometido.

Se desejarmos ter um espírito puro e limpo, devemos ser cautelosos diante de todas as práticas ou justificativas de mentira. Não se trata de uma lição fácil, mas não buscamos uma vida de facilidade dissimulada. O caminho para a transcendência é iluminado pela verdade.

A tentação do poder

O poder em si não é ruim; são os meios pelos quais algumas pessoas o procuram ou o exercem que podem causar danos. No caminho rumo ao poder, as pessoas que carecem de integridade e virtude mentem, trapaceiam, roubam e pisam nos outros. Porém, da mesma forma, aqueles que mantêm a virtude usam o seu poder para promover boas ideias e ajudar pessoas necessitadas.

O segredo para buscar o poder com integridade é parar de imaginar que, quando enfim o tivermos, vamos *mudar* de repente. A pessoa má se tornará ainda pior com mais poder. A pessoa gentil, mais gentil. A amorosa, mais amorosa. A generosa, mais generosa. À medida que buscamos mais dinheiro ou influência, temos de ser claros sobre quem somos hoje, cientes de que isso será simplesmente amplificado quando conquistarmos poder. Portanto, devemos escrever mais um pouco: "Quando eu conquistar mais influência por meio da riqueza, do status ou da sorte, o que devo fazer com ela para permanecer verdadeiro e orgulhoso de quem sou?".

Ao adquirir abundância e influência, devemos nos manter fiéis ao que defendemos e à nossa melhor versão, todos os dias de nossa vida. *Esse* é o verdadeiro poder.

AÇÃO SE TRANSFORMA EM CARÁTER

Nossas ações moldam um caráter que vai se manter firme ou encolher na escuridão do arrependimento. Portanto, para sermos humanos sábios e virtuosos, é preciso consciência, principalmente quando somos confrontados com as Sete Tentações: impaciência, decepção, desespero, agressão, mágoa, lealdade e poder.

O mundo vai nos bombardear constantemente com oportunidades para sermos pessoas mesquinhas e maliciosas. Seria fácil abrirmos mão de nós mesmos e dos nossos sonhos. Seria fácil tratar mal os outros. Mas esse não é o nosso caminho. A liberdade e a vitória pertencem àqueles que se mantêm fortes e verdadeiros apesar das tentações.

Declaração VII

DEVEMOS AMPLIFICAR O AMOR

*Um dia, depois de dominar os ventos, as ondas, as marés
e a gravidade, vamos, em nome de Deus, dominar as
energias do amor e então, pela segunda vez na história do mundo,
o homem terá descoberto o fogo.*
PIERRE TEILHARD DE CHARDIN

Não há no mundo beleza mais perfeita, mais inspiradora, mais humana e fascinante do que o amor sem filtros e sem constrangimentos. Somos nossa melhor versão quando damos e vivemos em amor, e nossa pior versão quando o acumulamos, negamos ou sufocamos até desaparecer. O amor, como nenhuma outra coisa, pode nos fazer subir às alturas ou descer até o mais fundo. Nos momentos marcados pela presença do amor, tocamos a face do nosso eu superior e do Divino. Permanecer emocionalmente abertos diante do mundo e dar nossos corações sem medo de mágoa, apego ou exigência de reciprocidade — este é o ato máximo de coragem humana, esta é a experiência definitiva de Liberdade Pessoal.

O amor é a nossa origem e o destino final. Nosso espírito se acendeu graças à energia amorosa de um poder superior e, quando dermos o último suspiro, nosso espírito vai se dissipar de novo nesse amor.

Com o poder transcendente do amor, podemos renascer e ser redirecionados. Quando nos abrimos para isso, a própria vida pode parecer mais nova, mais viva, mais mágica e significativa. Quando nos prepararmos para o nosso destino final, quando nos livrarmos das necessidades infantis e egoístas e realinharmos nossas prioridades com as do coração, poderemos enfim alcançar esses magníficos campos de empatia, bondade, compaixão, perdão, generosidade e coragem.

Temos de parar de fingir que não existe amor suficiente no mundo para fornecer ou receber, como se o amor pudesse de alguma forma ser reduzido ou desperdiçado pela ação humana. O amor é uma energia divina, sempre presente, disponível, em fluxo. Se entendermos isso, podemos ir mais longe. Podemos deixar para trás as mágoas do passado, pois não têm nada a ver com a realidade do amor em si. E podemos cessar os jogos mesquinhos, regulando devagar o fluxo da liberação do nosso amor para o mundo apenas quando nos sentirmos seguros. É um ato de covardia limitar a quantidade de amor que damos aos outros porque tememos a falta dele, não de força divina. Portanto, vamos voltar a sentir o amor, agora de uma perspectiva diferente e divina. Vamos sentir sua abundância e deixá-la emanar através de nós com toda a sua força, para que voemos alto e sirvamos em níveis além da imaginação humana. Declaremos: *devemos amplificar o amor*.

A ENERGIA PROVEDORA DE VIDA

O desejo de amar e ser amado é uma das energias mais revigorantes. Todos os nossos desejos, todas as nossas esperanças e sonhos significativos pairam e retornam continuamente ao amor. Nada de notável no crescimento pessoal pode ser alcançado sem abertura ao amor e sem libertar o seu fogo de alegria no mundo. As maiores vitórias são conquistadas nos campos do amor. No entanto, muitas vezes bloqueamos essa energia divina. Observe nossa longa lista de fracassos em assuntos do coração:

- as almas feridas e miseráveis, dilaceradas pela dor, que não têm coragem de voltar a amar;
- as massas taciturnas que se resignaram ao mito de que não há mais nada para sentir, nenhum novo nível de amor para ativar ou extrair dos seus relacionamentos;
- os criminosos que tiram a vida dos outros porque lhes falta coragem para dar ou pedir mais amor;
- os líderes ignorantes que não conseguem compreender que o cuidado e a compaixão são as suas melhores ferramentas para moldar o coração e a mente das pessoas;
- os andarilhos tristes que isolaram seu coração dos demais, mas que se prostituem para se sentirem conectados e aceitos de alguma forma, para terem uma pequena noção da parte que trancaram com tanto medo, os casamentos sem paixão e os namorados desconfiados, os amargurados e os magoados que acham que o amor lhes foi arrancado e tomado para sempre;
- o ritmo e o volume do amor que liberamos, como se fosse um recurso finito apto a se esgotar.

Observe ainda mais de perto como silenciamos os anjos bons da nossa natureza e ignoramos o pedido de um ente querido para que sejamos mais presentes, atenciosos e empáticos — alguém mais amoroso.

Como não ficamos endurecidos por tal sofrimento e negligência?

Comecemos por reformular a concepção do amor em si. Apesar das tragédias de ontem ou das dores de hoje, devemos sentir e amplificar o amor de novo, desta vez com mais de nós em jogo, desta vez com *mais força e profundidade.*

Não há dúvida de que sabemos que mais amor é em si uma coisa boa, que nos abrirmos mais ao amor é o mesmo que abrir para nós mesmos os tesouros secretos da vida, que mais amor nos torna mais empáticos, conectados e influentes com relação aos outros. O amor é uma ferramenta prática para melhorar a vida. Se formos amorosos com aqueles que nos rodeiam, criaremos as condições para um ambiente positivo e uma vida emocional e social profundamente gratificante. Façamos disso o nosso objetivo.

O CORAÇÃO FECHADO

Por que o amor está tão tragicamente ausente de tantas vidas? Por que a coragem de amar de modo aberto, fiel e sem medida é uma premissa tão temida?

Tudo começou com a dor.

Nascemos como um jarro fluindo com amor autêntico e abundante. Então, tudo muda. Não recebemos cuidado da maneira que poderíamos ter recebido. Não recebemos a atenção que desejávamos. Alguém apontou o dedo para nós, nos julgou, nos ridicularizou, nos rejeitou. Palavras insensíveis e atos egoístas nos deixaram tristes e assustados. Fomos marcados, esmagados, constrangidos, envergonhados ou sufocados por atitudes cruéis e formas distorcidas de amor egoísta. Assim, demos início ao longo, constante e árduo trabalho de fechar o coração, isolar a luz da alma, construir um muro alto em torno daquilo que somos capazes de sentir e de prover.

Logo, passamos a permitir que apenas algumas pessoas, aquelas que considerávamos seguras, espiassem por cima daquele muro espesso, frio e impenetrável. E mesmo para esses poucos escolhidos, oferecemos apenas vislumbres do que de fato tínhamos para dar, controlando quanto lhes mostraríamos, quanto permitiríamos que nosso coração se iluminasse por eles, quando, e se, nos daríamos permissão para dizer as três palavras mais importantes da vida.

É assim que acontece: regulamos o amor
que é dado e recebido, e isso nos gera sofrimento.

Com o tempo, o muro de proteção se tornou tão instransponível e proibitivo que bloqueou a única coisa que devia supostamente proteger: o amor.

O trágico a respeito do grande muro do amor da humanidade é que a construção começou e foi deixada ao acaso, aos altos e baixos e aos terríveis surtos de confusão imatura. Quando chegamos à adolescência, fomos levados por uma histeria coletiva que dizia "proteja seu coração" e começamos a acreditar, falsamente, que o amor, *em si*, tinha inimigos. Deixamos que as flechas dos outros atingissem nosso coração e achamos que o amor estava de alguma forma sendo diminuído ou prejudicado. Fomos conduzidos a uma inconsciência coletiva que acredita que a dor tem alguma ou qualquer coisa a ver com amor, e por isso muitos se afogaram em sofrimentos desnecessários.

A dor não tem nada a ver com o amor, e o amor não está associado nem é afetado pela dor. Dizemos: "Meu coração está cheio de amor", mas o amor não está restrito ao coração ou aos relacionamentos e, portanto, não está enjaulado e disponível para ser cutucado, insultado ou preso. Nenhuma quantidade de amor — não importa a dor ou mágoa — pode ser "perdida".

O amor não está circunscrito ao coração humano, e, portanto, não pode ser mantido dentro ou fora dele. Foi a falta de tal consciência que nos fez inicialmente tentar proteger o amor e depois limitar sua liberação com tanto medo. Acreditamos ser algo finito, que possuímos e que podemos perder. Achamos que é escasso, delicado. Mas estamos errados, e essa falácia é o que faz a vida perder a cor, o que destrói a alegria, a conexão e a sacralidade da vida.

A VERDADEIRA DIVINDADE

O amor é divino. É uma energia espiritual que está, neste exato momento, fluindo por todo o universo — através de nós, dos nossos inimigos, da nossa família, dos nossos colegas de trabalho e de mais de sete bilhões de desconhecidos. Não há limite para ele, e ele não pode ser engarrafado nem protegido. Existe em todos os lugares — de forma livre, abundante e constante.

Deixemo-nos ser transformados por este conhecimento: *o amor nunca esteve ausente da nossa vida.*

O amor não nos abandonou. Ele não foi a lugar algum. Nunca esteve menos presente para nosso acesso ou vivência. Esteve, e continua a estar, sempre presente, à nossa volta.

Nós simplesmente deixamos que nossa consciência sobre isso diminuísse.

A única questão agora é até que ponto vamos servir ao nosso destino, abrindo-nos ao amor e dando permissão para que flua. Quão bons e puros podemos ser para os outros, mantendo espaço para o amor? Quão fortes amplificadores podemos ser para o amor? Com que maturidade vamos usar sua energia unificadora para nos completar, elevar e unir?

A capacidade de servir a esse destino só é comprometida pela quantidade de mágoa que atribuímos à ideia de amor. Podemos ter sido magoados na infância, na adolescência, na carreira, nos relacionamentos. As pessoas foram más. Aproveitaram-se de nós. Foram egoístas, quebraram a confiança e magoaram nosso coração. Mas devemos lembrar que o infortúnio não tem nada a ver com o amor, e se os sentimentos de tristeza, dor, mágoa, vergonha, arrependimento ou desgosto obscureceram o significado do amor, devemos agora eliminar a escuridão com a luz da verdade.

Não precisamos duvidar da dor que sentimos no passado. Houve dor.

No entanto, um destino amoroso depende da nossa descoberta de que a dor não tem nada a ver com o amor, e que já passou o tempo de revirar as mágoas do passado e viver com base no medo.

A dor que sentimos não é mais relevante nem está cosmicamente presente. Se isso for assimilado, nossa compreensão do amor será libertada.

Como seres humanos capazes de visão, escolha e arbítrio, devemos compreender que tudo do passado é passado, que os sentimentos amargos e a negatividade de ontem não precisam mais ser nossas escolhas, que a dor desse passado não estará mais presente a menos que façamos a escolha de que assim seja.

Deve ser nossa intenção agora, como adultos maduros, que qualquer dor do passado não tenha nada a ver com a realidade do amor neste momento. O amor não sentiu aquelas flechas; *nós* sentimos. Não é culpa do amor nem das pobres almas que agora recebem o nosso amor pela metade, o fato de termos escolhido puxar essas flechas do nosso coração e atirá-las contra a concepção que temos de amor.

A ROTA DE SAÍDA DO SOFRIMENTO

O amor é o único caminho para superar a dor e a mágoa. O caminho mais seguro para deixar o sofrimento começa sempre pelos trilhos do amor.

Temos de perceber que os muros que construímos eram desnecessários — não protegiam nada além, talvez, dos nossos próprios egos feridos, já que o amor em si jamais pôde ser encurralado. Mesmo que fosse possível, as altas barricadas poderiam ter mantido afastados os vilões, mas apenas à custa de também manter afastados os anjos e os amorosos. Tudo o que fizemos foi impedir que o amor fluísse de modo livre e abundante para dentro e para fora da vida. É na autoproteção que muitas vezes bloqueamos justamente aquilo que desejamos.

Mais uma vez — vale a pena repetir —, o conceito diminuído de amor não tem nada a ver com o amor de verdade. O amor se mantém divino, sempre presente, à nossa volta, abundante, em fluxo, acessível hoje e sempre. É incapaz de diminuir, exceto dentro da nossa cabeça.

Nunca houve um tempo em que o amor não existisse para ser dado e recebido. E nunca haverá um momento em que o amor tenha mais potencial para curar e nutrir do que agora. Portanto, não tenha medo de que um dia ele acabe. O amor não diminui em potência com o tempo. Ele sempre foi, e será eternamente, a força unificadora presente em todos os momentos e que molda o universo e a humanidade.

Para nos reabrirmos ao amor, devemos agir com este conhecimento em mente — *fui eu quem diminuiu o amor* — e deixar para trás a noção de que os outros devem corrigir os erros passados. Devemos parar de reacender ou ressentir mágoas antigas. Não há paixão nem tesouros a serem descobertos ali. Não há qualquer ferida que precise ser vingada agora. Vamos curar as mágoas do passado e levá-las até o oceano do amor. Que não restem falsas construções mentais sobre nosso amor ter sido diminuído ou quebrado. Vamos por fim reformular o amor não como algo que "temos", mas como algo que existe de forma independente e abundante no mundo, para além das nossas próprias inadequações ou do egoísmo alheio.

A REVOLUÇÃO

Todas as revoluções na vida consistem apenas em deixar passar uma energia superior — na maioria dos casos, a do amor. Quando derrubamos os muros da preocupação e da mágoa, os raios brilhantes do amor podem mais uma vez brilhar dentro e através de nós. Muitas vezes, basta um pequeno raio de amor de outra pessoa para abrir um buraco permanente na armadura de tristeza e negatividade que circunda o nosso coração.

Libertados de tais limites, não mais tomados pela dor, podemos assumir uma postura ereta, de olhos abertos, livres para sentir mais uma vez a energia divina e amorosa nos outros, não importa quão enterrados estejam pelos seus próprios medos ou mágoas. Cientes disso, a vida se reilumina, todo o espectro de cores retorna ao nosso céu emocional, e dentro de nós arde um fogo divino para voltar a se cuidar, se conectar, *viver*. Podemos ignorar os defeitos dos nossos irmãos e irmãs e amá-los. Podemos ter compaixão por um cônjuge sem paciência. Podemos encontrar compreensão perante um colega de trabalho em dificuldades. Podemos voltar a amar toda a humanidade.

O cínico calejado vai, previsivelmente, ignorar essa conversa sobre o renascimento e o redirecionamento do amor. E, assim, se manterá para sempre fraco, insignificante e incapaz de qualquer potencial ou contribuição real. Porque, ao deixar de lado o amor, perde a ferramenta definitiva para a transcendência pessoal, o bem social e a influência. Só infelicidade chega àqueles que criticam o poder do amor, pois em breve serão postos de lado como relíquias indesejadas e irrelevantes, cegas e embrutecidas, de um passado em que a humanidade estava presa no próprio medo.

Com o amor ecoando na alma, somos capazes de energizar e revitalizar aqueles à nossa volta com um poder surpreendente.

Essa energia nos torna lindos para todo mundo, até mesmo para aqueles que estão tão preocupados consigo mesmos que mal conseguem ver o que está bem à sua frente. Essa energia concede acesso a todos os poderes que os seres humanos têm para criar conexão uns com os outros: carinho, paciência, consideração, bondade, compaixão, empatia. Também dá a responsabilidade de liderar, ativando dentro de nós a única virtude necessária para unificar a humanidade: a coragem do coração.

SUBINDO A UM PLANO MAIS ELEVADO

Quando e como vamos nos permitir amar plenamente os outros e a nós mesmos? *De imediato, e sem condições.*

Isso significa que devemos *confiar* nos outros instantaneamente? Não. Para transmitir amor ao outro, não é preciso confiança. Podemos amar um criminoso ou um malfeitor. Não precisamos *confiar* neles, mas, enquanto seres humanos e filhos de Deus, podemos reconhecer a divindade neles, mesmo que não escolham senti-la nem expressá-la, mesmo que tentem corromper o incorruptível. Todos os seres vêm do amor, têm amor em si e retornarão ao amor, mesmo que estejam inconscientes disso ou tenham comportamentos vis. Ignorar essa verdade só abre caminho para o surgimento da indiferença e do ódio.

É claro que a confiança é necessária nos relacionamentos. Alguém precisa conquistar nosso compromisso com o amor íntimo ou romântico. Mas, para merecer de nós uma energia amorosa, não é preciso fazer nada. O amor não é "merecido" por ninguém ou reservado apenas a alguns. A mão divina o dá sem exigências a todos.

Devemos, então, aceitar e respeitar *as escolhas e as atitudes* de todo mundo? Não. Podemos procurar rejeitar, remodelar e até punir os outros pelos seus erros. No entanto, enquanto o fazemos, ainda podemos lhes desejar Amor, pois não precisamos nos diminuir nem comprometer o papel como seres amorosos só porque temos de lidar com maus comportamentos. Podemos punir uma criança egoísta e insensível sem nos tornarmos egoístas ou insensíveis. Podemos ajudar um prisioneiro a obter direitos humanos básicos e a encontrar amor interior, mesmo que não toleremos suas atitudes. Podemos perdoar aqueles que nos ofendem sem lhes dar nosso potencial.

O que isso significa é que podemos ter uma intenção divina para todos com que nos deparamos, quer a mereçam ou não, tenham-na solicitado ou a retribuam.

Pode haver um amor que emana de nós, independentemente das intenções ou dos comportamentos do outro. Podemos liberar um magnífico poder espiritual por meio de olhares e gestos para com todos, sem esperar retorno algum. Não podemos liberar o amor no mundo por nenhuma outra razão a não ser porque é nossa natureza fazê-lo.

O amor, como qualquer virtude, deve ser uma questão consciente, desejada e escolhida em meio a todos os impulsos angelicais e deturpados à disposição, a todo momento, da condição humana. Assim, para ascender à grandeza e nos tornarmos generosos com o amor, devemos estar conscientes da própria fraqueza e propensão para o mal. Sem jamais esquecer que podemos cair na escuridão, devemos nos lembrar de procurar a luz. Ao lembrarmos os perigos da crueldade, devemos desejar ser compassivos e amorosos.

Não somos anjos; somos humanos. Mas, mesmo assim, tentemos subir a um plano mais elevado.

Para sentir e amplificar o amor, não precisamos amar a nós mesmos — embora façamos com que esse seja também o nosso objetivo. A fantasia popular de que primeiro devemos amar a nós mesmos antes de amar os outros não serve a ninguém, pois apenas nos confere permissão para esperar um dia mais apropriado para amar os outros. O amor deveria ser escondido de alguém simplesmente porque temos inseguranças? Para dar amor, devemos apenas permitir que flua através de nós, e não tentar possuí-lo nem sentir alguma falsa completude ou perfeição particular antes de emaná-lo. *O amor é perfeito; nós não precisamos ser.* É egoísta e vão acreditar que devemos amar todos os aspectos de quem somos para apreciar e adorar qualquer aspecto de outra pessoa. Claro, o objetivo deveria ser aceitar e amar a nós mesmos, mas podemos igualmente desdenhar de qualquer uma das atitudes ou comportamentos peculiares que roubam nossa liberdade, felicidade e conexão com os outros. Se não gostamos de algo em nós mesmos, podemos mudá-lo, mas não precisamos esperar sua reparação antes de direcionar essa grande luz do amor nos outros. Não devemos esperar o esplêndido e mítico dia brilhante, quando seremos perfeitos e sempre cheios de felicidade, antes de permitir que o próprio raio de divindade brilhe para os outros.

UMA INTENÇÃO DIVINA

Abrir-se e liberar o amor é o maior ato de coragem e a maior liberdade. Poucos entre nós terão tal intenção divina ou serão tão corajosos de forma consistente. Mas o nosso destino deve ser diferente daquele dos amargurados, fracos ou desatentos. Se quisermos ser uma pessoa de grandeza, será necessária uma liberação impressionante de amor no mundo.

Devemos escolher levar uma vida definida pelo amor. Devemos olhar para todos e enviar essa mensagem através dos pensamentos e ações:

Não desejo nada além de alegria e amor para você.

No entanto, devemos nos lembrar também de que o amor, no âmbito humano, é mais do que uma intenção a ser enviada aos outros. Se não houver *demonstração* real de cuidado ativo e consideração por outra pessoa, então não podemos dar nem sentir o amor humano — o amor divino, sim, porque está em toda parte, mas o amor de outra pessoa deve ser sentido por meio da *ação*, não da intenção. Pensar não é amar — dar, é.

Hoje, como em todos os dias da vida, temos escolhas a fazer sobre qual tipo de pessoa seremos e como vamos interagir com o mundo. Podemos nos relacionar com outras pessoas sem intenção ou cuidado. Podemos encará-las com desrespeito e amargura. Ou podemos nos relacionar com elas com intenção e paixão profundamente amorosas, uma energia plena e vibrante que as faz relembrar a espetacular abundância que existe de amor e divindade neste mundo. A escolha que fizermos vai determinar a qualidade da nossa vida, a profundidade dos relacionamentos e a esperança da nossa família humana.

Declaração VIII

DEVEMOS INSPIRAR A EXCELÊNCIA

Não sei qual será o seu destino, mas uma coisa eu sei:
os únicos entre vocês que serão realmente felizes serão aqueles
que procurarem e descobrirem como servir.
ALBERT SCHWEITZER

Quando um povo começa a perecer por apatia, indiferença ou falta de visão, uma voz de liderança precisa surgir. Do torpor de um ambiente moral contaminado devem aparecer alguns poucos honrados, sem medo de desafiar a mediocridade e mudar os rumos do mundo. Devemos estar entre esses poucos corajosos.

Dado que muitos escolhem uma vida de indolência, não devemos temer as requisições da excelência e, portanto, optar por agarrar a tocha dourada da grandeza humana e acendê-la mais uma vez com vida e poder para que todos vejam.

Cada um de nós serve de exemplo vivo para os demais. O caráter e a conduta podem projetar o brilho da excelência e da contribuição aos pontos mais distantes de nossa influência, ou uma sombra de pequenez e egoísmo aos poucos infelizes mais próximos de nós. A luta por uma vida melhor e por um mundo melhor pode inspirar os outros, caso venha de uma posição de contribuição genuína, ou diminuir, se vier de uma posição de ganância.

Devemos ter a coragem de perguntar: *"Nestes tempos confusos, busco diariamente servir de inspiração para todos aqueles que amo e sirvo? Estou ajudando aqueles ao meu redor para que cresçam? Estou de alguma forma elevando a humanidade ao inspirar os outros a ver e ativar o seu potencial? Conduzo uma vida verdadeiramente excelente?"*.

Buscar a excelência — *e fazer o que tem de ser feito para merecê-la* — precisa fazer parte da consciência coletiva. Devemos despertar a poderosa força interior que procura retirar parte do peso do mundo das costas daqueles que passam por dificuldades. Devemos assumir a posição como generais generosos, líderes do mais alto calibre que se importam com os outros e com o mundo. Declaremos com firme intenção ao mundo e a nós mesmos: *devemos inspirar a excelência*.

UM MUNDO CONTURBADO

As pessoas estão em perigo no mundo. Não há dúvida de que vivemos em uma era barulhenta, entorpecida e narcisista. Os talentos e as atenções da maioria não são investidos no domínio pessoal e na responsabilidade social, mas desperdiçados em jogos, voyeurismo e sensacionalismo. Abandonamos, de modo imprudente, o que importa de verdade — o esforço para sermos grandes como indivíduos e como sociedade — em troca do glamour e da emoção da velocidade, da conveniência e da expressão fútil, em uma espécie de crise de meia-idade que abrange toda a humanidade. Longe vão as grandes visões; aqui vêm os ganhos rápidos e as coisas certas. O esforço perdeu o espaço. Na transição para a nossa era de autoadoração e vaidade, há muito que a página dos sonhos de ascensão como povo foi virada. A excelência raras vezes é buscada, e geração após geração não consegue manter o fio da bondade e do progresso humano. *Por quê?*

Porque a maioria das pessoas não quer adotar para si mesmas nem para os outros um padrão mais elevado, porque o primeiro exige disciplina e o segundo convida ao conflito. E assim justificam seu mau comportamento e não denunciam os erros da sociedade. Não esperam mais que eles mesmos nem os outros ajam com virtude, compaixão, qualidade ou sabedoria. Fazem vista grossa quando seus chefes fazem algo errado. Não dizem aos filhos para melhorarem seu comportamento porque não querem ser controladores demais. Não podem dizer à equipe para se corrigirem porque não querem parecer mandões.

Na ausência de pessoas que decidam servir de modelos e líderes, a sociedade se tornou um lamentável conjunto de pessoas caladas e domesticadas liderando pessoas idênticas.

Há uma complacência confusa — todo mundo sabe que existe mais ao alcance, mas é muito difícil nos organizarmos para ir atrás. É mais fácil se entregar ao conforto, aos lucros, aos modos tranquilos. Esses hábitos reduziram a grandeza individual e provocaram um fracasso mundial na liderança. Isso fica evidente quando vemos uma população apática, uma pobreza injustificável, uma ganância inescrupulosa e um mundo devastado e engatilhado pela guerra. Se continuarmos neste caminho, a história não será gentil conosco, e um destino frustrado vai cobrar seu preço.

Não existe uma única pessoa entre nós que não pense que poderíamos fazer melhor se tentássemos? Os pessimistas vão afirmar que nada pode ser feito. Que o mundo segue rumo ao inferno; que é irrecuperável. Imaginam que a humanidade é simplesmente triste e egoísta demais para ser capaz de corrigir os próprios erros. Mas será que isso é verdade?

Talvez haja pessoas de fato tão imersas nos desafios da própria vida que dificilmente conseguem inspirar a si próprias, que dirá inspirar os outros. Mas também é verdade que há pessoas que oferecem o melhor de si para melhorar o mundo. Essas pessoas acordam todos os dias e lutam arduamente para ter um amanhã melhor, procuram de modo ativo aprendizados e desafios para crescer e contribuir, e se preocupam profundamente com a sua integridade e o caráter dos seus filhos e suas comunidades. Se a maioria da população mundial não trabalhasse duro assim, não cuidasse uns dos outros ou não carregasse a chama brilhante da bondade na alma, então esta terra já teria perecido há muito tempo. Tendo dominado o átomo e a maquinaria da morte que constitui a guerra moderna, o simples fato de existirmos revela hoje uma vasta preferência pela vida e pela virtude.

E, agora, estamos em um lugar fascinante onde bilhões de nós desejam desesperadamente que o mundo melhore, e queremos algo para fornecer, em que acreditar, por que lutar. Estamos ansiosos para contribuir com criatividade, suor e entusiasmo para algo que importa, para algo que melhore nossa vida e a vida de outras pessoas. Estamos cansados de esperar. Portanto, vamos liderar.

ENDIREITANDO O BARCO

Devemos começar em casa. Vamos nos sentar hoje à noite com a nossa família e olhar com firmeza para quem nos tornamos. Estamos sendo companheiros e pais sólidos, filhos bons e verdadeiros, apoiadores fiéis daqueles de quem cuidamos? Nossa própria casa está em ordem? O que poderíamos fazer melhor no mundo enquanto família?

Boas pessoas muitas vezes não conseguem se tornar notáveis porque evitam olhar com honestidade para a vida pessoal. Tentam liderar os outros, mas não lideram a si mesmas, e em certo momento essa incongruência cobra um preço e as desvia da rota. Então, devemos perguntar: "O que preciso de uma vez por todas enfrentar e consertar na vida? Preciso me alimentar de maneira mais saudável? Então vou fazer isso. Preciso tratar meus filhos com mais paciência e gentileza? Então vou começar a fazê-lo. Há tarefas que tenho adiado e que poderiam ajudar minha família? Então vou concluí-las". Ao lidarmos com a própria vida, preparamos mente e espírito para lidar com o mundo.

À medida que buscamos mais influência e tentamos mudar o mundo, vamos chamar mais atenção para a nossa vida. Isso deve nos inspirar a ter a preocupação de sermos um bom modelo e nos motivar a corrigir nossa vida. Se quisermos ser sólidos para os nossos colaboradores, sejamos sólidos para as nossas famílias. Se queremos que as pessoas tenham energia para as suas tarefas e deveres, então cuidemos para que sejamos sua inspiração. Não existe qualquer grande filósofo ou líder que não tenha tido o cuidado de nos lembrar de que devemos ser a mudança que procuramos no mundo.

OBTENDO DESTAQUE

Depois de colocarmos nossas casas em ordem, devemos procurar reconexão com o mundo. O objetivo deve ser ajudar os outros para que encontrem os próprios projetos e causas significativas. Essa é uma distinção vital em uma época em que tantos líderes empurram as próprias pautas goela abaixo do seu povo. Esqueceram-se de que servir não é um ato egoísta.

Se conseguirmos alcançar a excelência, precisaremos ser muito diferentes dos egoístas e extremistas que roubaram o manto da liderança e se infiltraram na psique mundial.

Veja como muitos dos nossos supostos líderes se tornaram pessoas tristes. Receiam ser impopulares, por isso não fazem escolhas difíceis ou polêmicas, preferindo, em vez disso, conversas intermináveis, concessões recorrentes e obediência às linhas partidárias em vez das necessidades públicas. Enquanto estiverem com medo, nós nos destacaremos por sermos corajosos.

Eles desprezam aqueles que não têm poder igual ou superior ao seu próprio, raramente falando com pessoas comuns e com aqueles na linha de frente. Enquanto são elitistas, seremos humildes e estaremos no campo com aqueles que lideramos.

Evitam debates apaixonados e quaisquer demonstrações de emoção, na expectativa de parecerem sempre contidos e racionais. Sua humanidade se torna a de um computador, desapaixonado e desligado do coração. Enquanto abandonam os sentimentos, viveremos com paixão e exploraremos o mundo desesperados por emoções e conexões autênticas.

Parecem cansados, muito mais velhos do que sua idade, incapazes de manter a alegria na voz e na postura, com caras tristes e olhares distantes que transparecem exaustão. Enquanto carecem de vibração, nós a exalaremos.

Seu discurso público e as suas políticas atendem aos barulhentos e extremistas ao seu redor, perpetuando linguagem e crenças do mínimo denominador comum, ao mesmo tempo que nos separam em campos de estereótipos sem sentido. Enquanto se curvam aos extremistas e se comunicam com pouca inteligência, traremos uma terceira perspectiva que é colaborativa e consciente.

Tendem a ser estúpidos reacionários, se dobrando e curvando aos caprichos de uma mídia superficial, por isso não representam nada e ainda procuram ser complacentes com a natureza vulgar da comunicação de massa. Enquanto lhes falta dignidade e integridade, manteremos as nossas.

Fogem da responsabilidade, sempre apontando o dedo e culpando aos outros como crianças mimadas. Enquanto continuam a ser irresponsáveis e se recusam a assumir os seus atos e consequências, assumiremos os nossos.

São gananciosos pelos holofotes e pelo dinheiro, e por isso lutam por mais dólares e poder. Enquanto são gananciosos, seremos simples e lutaremos pelos que sofrem com a carência.

Preferem os especialistas e o conforto do status quo, e se esquecem de ouvir os jovens e inexperientes que podem enxergar o mundo e os seus problemas sob uma nova perspectiva. Enquanto desprezam os não iniciados, faremos deles nossos amigos e conselheiros.

São cínicos, acreditando que a mudança só pode ocorrer lentamente ou por meio da formalidade e da tradição. Enquanto não experimentam o poder de um movimento, vamos dar início ao nosso próprio.

Devemos exigir essas coisas de nós mesmos. Sejamos ousados para liderar de novas formas, nos distanciando daqueles que não têm conseguido levar nossos negócios, nossas comunidades e nossas nações a níveis mais elevados de excelência e grandeza.

Não importa a posição que ocupamos no trabalho, na escola ou na comunidade, vamos dar ao mundo um exemplo alternativo ao nos importar sempre de modo a sermos notáveis e unificadores.

Em um mundo que batalha atrás de esperança e carece de luz e liderança, devemos buscar brilhar como faróis.

Poucos defendem que o mundo precisa de líderes novos e diferentes. Portanto, vamos nos sentar hoje à noite e escrever nosso manifesto sobre como seremos diferentes. Vamos escrever e depois escrever mais: quais crenças e causas vamos apoiar? Como vamos abordar as questões e os problemas do mundo de novas formas? O que vai inspirar um novo movimento? Como podemos crescer?

EXIJA UM ALTO PADRÃO

Se fizermos a diferença, não estaremos sozinhos. Portanto, devemos aprender em breve a não temer exigir que outros atendam a padrões mais elevados caso desejem marchar ao nosso lado. Se quisermos inspirar mudanças e progresso reais, devemos esperar mais daqueles que nos rodeiam do que outros hoje esperam.

Este não é um território novo. Existe um caminho rumo à excelência bem traçado por uma longa linhagem de homens e mulheres trabalhadores e honrados que nos deram as liberdades de que desfrutamos hoje. Quais os segredos para o seu sucesso em alcançar grandes feitos e inspirar outros a contribuir? *Eles foram inflexíveis em suas exigências por ação e excelência.*

Da mesma forma, grande parte do impacto do nosso legado neste mundo depende da vontade de exigir mais das pessoas. *Exigir* não significa ser agressivo ou autoritário, embora um líder não deva recuar diante disso. *Exigir* significa estabelecer expectativas, comunicar com franqueza, manter constantemente as pessoas em padrões elevados, incentivando aqueles à altura do desafio e, ao mesmo tempo, identificando aqueles que não estão e lhes ensinando.

Como muitos não gostam do conceito de repreender os outros no ambiente excessivamente tolerante de hoje, onde as pessoas querem ser amigas e não líderes, devemos rever este conceito.

Uma sociedade carente de pessoas boas dispostas a se manifestar contra o mal ou contra os baixos padrões só tem como caminhar para a escuridão e para a mediocridade.

Quando as pessoas fazem algo errado, precisam ser informadas do que estão fazendo. Caso contrário, os padrões despencam. O adolescente que machuca os outros precisa ser avisado para parar, sem justificativas, se não desejamos uma geração inteira de adultos egoístas e cruéis. O político que mente precisa ser denunciado, se não desejamos uma nação liderada por mentirosos. O colega de trabalho que se utiliza de subterfúgios precisa de uma conversa, se não desejamos um local de trabalho cheio de trapaceiros e conspiradores. *É isso o que um mundo virtuoso exige: pessoas francas dispostas a manter os padrões elevados para si e para os outros.*

Devemos aprender a moldar e confrontar as crenças e os comportamentos dos outros para que todos avancem rumo a um objetivo relevante. Isso muitas vezes significa dizer às pessoas que não estão à altura ou que poderiam contribuir de jeitos melhores. Embora seja aterrorizante para muitos — e impopular em um mundo que diz às pessoas para não fazer muito barulho nem esperar algo significativo dos outros —, qual é a alternativa? Ficar calado ao passo que o mundo se torna cada vez mais apático, desonesto e degradado?

Algumas pessoas vão nos dizer para não esperar muito dos outros. Vão alegar que é injusto desejar mais das pessoas. Aqueles que duvidam do poder e do potencial das pessoas sugerem: "Pega leve com os outros. Estão fracos e cansados, então lhes estabeleça pequenas metas, caso contrário vão ficar sobrecarregados e, muitas vezes, decepcionados". É esse o som da mediocridade. Não devemos dar ouvidos aos que duvidam nem permitir que a nossa pequena imaginação considere os outros menos vitais e poderosos do que o potencial que têm, independentemente de seu estado atual. Quem somos para questionar a capacidade de alguém crescer ou conquistar a excelência, ou para menosprezar os poderes latentes dos filhos de Deus? Devemos levar em conta os desafios que as pessoas enfrentam, mas também ter sempre ampla consideração e vasto respeito por elas. Só partindo desse lugar vamos conquistá-las e as estimular a crescer.

AS NOVE VIRTUDES DA EXCELÊNCIA

O que exatamente devemos exigir dos outros? O mesmo que exigimos de nós mesmos: uma conduta que parte de um caráter nobre, atenção tanto às nossas deficiências quanto aos pontos fortes, uma pronta disposição para sermos excelentes no serviço ao mundo, mesmo quando isso se torna cansativo e difícil.

Devemos fazer isso inspirando e desafiando outros para que ajam com sabedoria e virtude em qualquer área da vida sobre a qual tenhamos influência. Se tivermos a atenção, vamos semear as sementes da excelência, inspirando suas nove virtudes.

Devemos exigir honestidade. Todo mundo quer viver uma vida de orgulho e integridade. As pessoas querem ser verdadeiras. Odeiam ter de mentir, serem expostas como mentirosas e apanhadas na teia das falsidades dos outros. No entanto, com que facilidade essas mesmas pessoas contam mentirinhas e escapam impunes diante de uma sociedade indiferente? Sejamos nós a defesa da honestidade e a denunciar onde quer que ela seja violada. Sejamos nós a incentivar as pessoas a serem francas. Se uma pessoa mente, devemos falar com ela no mesmo momento: "Estou preocupado com o seu nível de honestidade". Isso se chama franqueza, e demonstra uma disposição de esperar um alto padrão de conduta das pessoas. Devemos ser intransigentes no tocante à verdade e inspirar os outros a fazerem o mesmo.

Devemos exigir responsabilidade. Muitas pessoas têm um senso inato de responsabilidade pelas próprias ações, mas muitas a evitam em nome da facilidade. Sabem que deveriam terminar o relatório que prometeram, mas preferem ir para o jogo. Sabem que é errado não pagar a pensão alimentícia, mas preferem ficar com o dinheiro para o próprio aluguel. Sabem que devem ser responsáveis pelas suas ações, mas é mais fácil fugir do dever e culpar os pais ou a cultura pelo seu mau comportamento. No entanto, quando alguém opta pela facilidade em detrimento do dever, são muitos os que pagam.

Nosso trabalho como líderes é ativar e encorajar uma natureza mais responsável naqueles com quem convivemos. Quando as pessoas que influenciamos não cumprem o seu dever ou não assumem a realidade, devemos ajudá-las a enxergar toda a rede de consequências negativas que provocam para si e para os outros. Temos de dizer: "Você percebe que quando não cumpriu sua responsabilidade e não entregou aquele relatório, toda a sua equipe ficou em espera e desinformada na última reunião? Você está ciente do fato de que, por não pagar pensão alimentícia, seu filho passou a roubar comida do supermercado? Consegue ver que toda essa culpabilização dos seus pais e da cultura não leva você a lugar algum, que você é o único responsável por suas ações e sua direção na vida, independentemente do seu passado?".

É difícil apontar os erros ou defeitos dos outros, contudo devemos fazê-lo se quisermos liderar. Podemos ser gentis e compreensivos, mas sejamos diretos e apaixonados em ajudá-los a melhorar no futuro. Se não estivermos dispostos a apontar quando alguém está sendo irresponsável em seus deveres e suas atitudes, então não estamos aptos a liderar.

Devemos exigir inteligência. O mundo está cheio de pessoas que ignoram os assuntos mais graves que afetam a sua vida e sua comunidade, e que são apenas superficialmente informadas em suas áreas de especialização. No entanto, à medida que as pessoas se tornam mais ignorantes, se tornam também mais cínicas — não se dão ao trabalho de aprender o que é verdade, por isso rejeitam os fatos quando estão com preguiça ou quando contrariam suas crenças.

Precisamos parar de celebrar a ignorância na sociedade. A cultura moderna adora o idiota na televisão, o rosto sem cérebro na revista, o extremista inconsequente nas ondas de rádio. Não devemos ser cegos ao fato de os nossos filhos estarem vendo e ficando cegos também. Se quisermos ser excelentes, devemos assumir a responsabilidade de ajudar os outros a aprender, explorar, pensar criticamente e crescer em sabedoria.

Para todos aqueles que influenciamos e lideramos, devemos ser modelos e esperar mais consideração e inteligência deles. Não podemos deixar de pedir aos nossos filhos que estudem mais, aos colegas de trabalho que pesquisem mais, aos meios de comunicação que apresentem notícias mais equilibradas e embasadas. Se uma pessoa nos fizer uma pergunta ignorante, devemos incentivá-la a dedicar mais tempo a se preparar. Se um colega de trabalho agir de forma ignorante, devemos aconselhá-lo a adquirir mais conhecimento e lhe nomear um mentor. E, se testemunharmos sabedoria, genialidade ou criatividade verdadeiras em qualquer área em que atuamos, sejamos os seus maiores torcedores e a incentivemos a brilhar.

Devemos exigir excelência. Para aqueles destinados à excelência, todas as coisas devem ser bem-feitas e completas. Devemos lutar pelos mais altos níveis de trabalho e realização em tudo o que fazemos. E ninguém dentro da nossa esfera social deveria estar autorizado a lidar com seu trabalho com interesse pela metade ou esforço ocasional. Se encontrarmos pessoas assim entre nós, sejamos sinceros com elas sobre a nossa expectativa mais elevada e façamos tudo o que pudermos para ajudá-la a alcançá-la. E, caso não consigam alcançá-la sem demora, devemos mandá-las embora com a mesma rapidez. Não temos tempo para mediocridade em nossa marcha. Aqueles que não compartilham do interesse pela excelência devem ser deixados para trás, pois não vão contribuir de modo significativo e não podem ser liderados em nossa caminhada. Não precisamos nos preocupar em dispensar os que apresentam baixo desempenho: serão rapidamente isolados e vão achar o próprio lugar. Isso não significa ser desdenhoso, cruel ou ingrato; é simplesmente deixar que as pessoas descubram onde o seu nível de contribuição e talento é de fato necessário. Não é um julgamento, e não temos de tentar "consertá-los". Em nossa jornada, escolhemos nos cercar apenas daqueles que se alinham conosco em termos de valores e de missão. Nunca devemos ter vergonha de esperar um desempenho de alto padrão. Se isso for amplamente compartilhado, torna-se um padrão inabalável que inspira todos a ações de maior qualidade.

Devemos exigir coragem. O destino do mundo depende do número de pessoas que se dedicam a atitudes corajosas. Em todas as áreas de influência, devemos derrotar os nossos medos e incutir a mesma força naqueles de quem cuidamos e a quem servimos. Devemos motivar as pessoas não a falar, mas a agir, sem nunca permitir aos outros que substituam o esforço real por palavras. Podemos ajudar outros a privilegiar a ação ao perguntar "O que você fez a respeito?", em vez de "O que acha disso?".

Quando vemos os outros se encolhendo em silêncio ou desistindo dos sonhos, devemos perguntar *por que*. Se a resposta for repleta de desculpas e fraquezas, temos de assumir a responsabilidade de lembrá-los de seus poderes inatos de vontade e força. A coragem é muitas vezes cultivada por meio do confronto: forçando os outros a enfrentar medos e injustiças, ensinando as pessoas a ajudar em vez de se esconder, pedindo franqueza em vez de silêncio, exortando os outros para que se posicionem em vez de recuarem.

Devemos exigir respeito pelos outros. O brilho do respeito nutre todas as outras virtudes da conexão humana: bondade, compaixão, justiça, empatia, amor. Devemos ter um enorme respeito por aqueles que procuramos inspirar, mesmo que sejamos severos e exigentes com eles. E devemos pedir que tenham o mesmo respeito aos outros. Quanto mais pessoas liderarmos, mais poderemos prever que haverá desrespeito nas equipes, seja conosco ou com os outros. Seremos gentis com quem falta ao respeito, mas intransigente ao exigir desculpas e reparação. Dedique carinho e paciência à pessoa desrespeitosa, mas também deixe um aviso claro. Não tolere qualquer comportamento desdenhoso, cruel ou condescendente. Se falhamos nisso, nós mesmos nos tornamos indignos de respeito.

Devemos exigir vigilância. Entre os grandes, existe uma paranoia saudável, uma preocupação elevada com as sombras escuras da apatia que podem, a qualquer momento, se apossar de uma causa brilhante. Tudo o que torna possível o sucesso consistente — motivação, disciplina, persistência, compromisso — vem de uma consciência vigilante daquilo pelo que lutamos, do que pode nos fazer fracassar, da nossa ética, de quão bem progredimos. Pedimos vigilância ao orientar a atenção de todos para as coisas que importam e sendo honestos quanto ao progresso em direção a essas coisas. Devemos dizer constantemente: "Preste atenção. Esteja ciente do que estamos fazendo, de onde devemos melhorar e do que pode nos impedir". Os grandes líderes vivem no limite de uma forma consciente — alertas, mas calmos.

Devemos exigir serviço. Muitos se esqueceram da responsabilidade que os nossos ancestrais nos deixaram: direcionar a energia, o conhecimento e o talento para fazer a diferença. Pelo que estamos todos lutando, senão para melhorar a vida uns dos outros? Para a nossa família, comunidade e para o mundo, devemos nos dedicar mais uma vez a servir. Servir é a intenção de fazer o bem aos outros, de prestar assistência genuína e calorosa em momentos de necessidade. As pessoas ao nosso redor se preocupam profundamente com os outros? Querem ajudar as pessoas? Preocupam-se em acertar e impressionar aqueles com quem batalham e a quem servem?

Aqueles que carecem dessa virtude em seus corações não devem estar em nosso círculo de convivência. Exclua-os de uma vez por todas, pois os egoístas e despreocupados vão nos desviar da glória.

Devemos exigir unidade. Não há como os pilares de uma comunidade serem fortes quando corroídos por fofoca e mesquinharia. Devemos inspirar nos outros a tendência natural para a tolerância, a conexão e a comunidade. Devemos sempre lembrá-los: "Estamos juntos nessa". É a expectativa mais básica de toda liderança, uma vez reunidas as pessoas adequadas: que estejamos juntos em uma marcha em direção a algo importante; que devemos trabalhar juntos, permanecer juntos, lutar juntos e conquistar juntos.

Não podemos jamais ser os líderes fracos e diminutos que dão início a desavenças dentro da própria equipe. A comunicação deve sempre conter o tema da união. Não faça fofoca. Não divida a equipe. Não faça um setor parecer mais importante do que os demais.

Se testemunharmos que outros se tornam egoístas ou demonstram interesses limitados, vamos lembrá-los da sua ligação maior e do seu serviço aos outros. Podemos elogiar um indivíduo e ainda assim lhe chamar a atenção para seu impacto positivo na equipe e na cultura. O momento em que temos sucesso é quando a equipe diz "nós" mais do que "eu", quando vemos o nosso pessoal celebrando vitórias juntos, jantando juntos, chorando juntos, lutando juntos.

Honestidade. Responsabilidade. Inteligência. Excelência. Coragem. Respeito. Vigilância. Serviço. Unidade. São essas as virtudes da excelência que devemos inspirar e esperar. São essas as virtudes que formam pessoas notáveis e que podem ser empunhadas como uma espada contra a maioria dos males do mundo.

Exigir tais virtudes é algo duro e difícil. Algumas pessoas vão questionar como podemos simplesmente abandonar aqueles que não conseguem alcançar padrões elevados. Mas vamos acabar com a grande ilusão que determina que todos têm de estar presentes em todas as nossas jornadas. A verdade é que algumas pessoas não vão querer se juntar à nossa marcha, e deveriam poder se despedir sem vergonha nem arrependimento. Nem todos precisam fazer parte de todas as iniciativas, e nem todos serão capazes de atingir os padrões de excelência de que necessitamos para alcançar o notável. Portanto, vamos encontrar aqueles que são verdadeiramente comprometidos e capazes e deixar os demais encontrarem suas próprias paixões e seus objetivos.

A MORTE DA ESCURIDÃO

Se inspirarmos nós mesmos, aqueles com quem batalhamos e a quem servimos a tal excelência, qual será o resultado? Nada menos do que a morte da mediocridade em nosso círculo de influência. Talvez seja verdade que sempre vão existir padrões mais baixos em uma sociedade imensa, e talvez, como a mudança mundial leva muito tempo, apenas os mortos verão o fim da guerra, da pobreza e de todas as outras mazelas sociais. Mas nós, os vivos, devemos tentar mesmo assim. Devemos pelo menos lutar para acabar com muitos dos males da sociedade. Porque, se não o fizermos, quem vai fazer — e quando? O que dirá a história se não dermos o melhor de nós?

É possível um novo amanhecer da humanidade em que mais de nós se tornem grandes homens e mulheres de caráter e consciência? Se duvidamos disso, estamos fadados ao fracasso. Mas, se vestirmos este manto das gerações anteriores, o levarmos mais longe e partilharmos tanto do seu fardo quanto do seu esplendor de forma mais ampla, então vamos nos tornar exemplos de excelência que as crianças do futuro vão celebrar e desejar repetir. Portanto, por respeito ao sangue e aos triunfos duramente conquistados daqueles que nos inspiraram, e em dívida para com aqueles que amamos e servimos e aqueles que nunca conheceremos que aguardam inspiração, *devemos despertar agora* e *alcançar a excelência.*

Declaração IX

DEVEMOS DESACELERAR O TEMPO

O objetivo da vida é viver, e viver significa estarmos conscientes —
alegres, embriagados, serenamente, divinamente conscientes.
HENRY MILLER

A vida foi feita para ser um mosaico vibrante, profundamente sentido e cada vez maior de momentos significativos. Deve ser um caso de amor grandioso, plenamente engajado e incondicionalmente comprometido com a experiência diária. Devemos sentir e perceber isso, nos envolver com tudo o que se apresenta com consciência e entusiasmo, abrindo com alegria os presentes que o destino escolheu nos proporcionar.

Não podemos deixar este momento passar. Não estamos destinados a atravessar a vida meio entorpecidos, inconscientes dos sentidos e do que nos rodeia, incapazes de ouvir e enxergar as qualidades mágicas do momento. Esse dia deve ser aproveitado como uma pausa em um lago fresco durante o calor do verão. Mesmo em tempos mais sombrios, devemos olhar ao redor com admiração, absorvendo as belas cenas e as pequenas maravilhas que com certeza abundam, fascinados até mesmo pelo mínimo vestígio de esperança na escuridão, como mirar um campo iluminado pela lua, vivo com um milhão de vaga-lumes silenciosos.

Não podemos deixar este momento passar. Nosso cérebro não foi projetado para esse frenesi, para a obrigação de se concentrar em tudo e em nada ao mesmo tempo, acelerado e agitado por xaropes e estimulantes, abarrotado de tanta informação negativa aleatória e tantas tarefas inúteis que nunca há um ponto focal único para mergulhar, alcançar ou se comemorar.

Não podemos deixar este momento passar. Nosso corpo não foi projetado para a atrofia de uma vida sedentária sufocada pela preguiça e indolência, para horas e horas sentados atrás de um computador, privados dos prazeres do toque, do movimento e da bendita exaustão física de um bom dia de trabalho em que realmente fizemos ou construímos alguma coisa.

Não podemos deixar este momento passar. Nossa alma não foi feita para ficar presa ao passado, oprimida por um apego fútil a histórias antigas, enjaulada por velhas raivas e velhos arrependimentos, incapaz de sentir e voar na expansão emocional branca e limpa do Agora.

Não podemos deixar este momento passar. Nossa família não deseja uma vida de urgência frenética; não quer que a nossa ausência, de mente ou de corpo, seja a única lembrança de nós.

Não podemos deixar passar isto, esta *vida*. Mas deixamos que passe, exaustos, estressados e apartados do momento. O custo é enorme — tantos momentos borrados por velocidade, preocupação e pânico, dando origem à catástrofe de uma vida sem alegria.

Podemos experimentar muito mais da existência. São necessários bem pouco foco e esforço para aumentar a consciência da dádiva de cada dia, para incluir de novo mais profundidade, sentimento e significado na vida. Façamos disso o nosso objetivo. Devemos desviar o foco do caos e voltá-lo para a verdadeira ordem do universo, que nos dá liberdade e paz irrestritas neste momento. Devemos respirar mais uma vez. Devemos absorver o que nos rodeia e deixar o corpo sentir novamente. Devemos conectar o coração à nossa vida, devolvendo esperança, paixão e amor aos esforços de cada momento. Isso requer apenas um modo diferente de empregar a atenção, o tempo e a energia, uma intenção e um ritmo de vida diferentes. Devemos desacelerar tudo para que sintamos mais uma vez, aproveitemos mais uma vez, vivamos possivelmente pela primeira vez. Este é o momento de enfim começarmos a desfrutar das bênçãos da vida. Declaremos: *devemos desacelerar o tempo*.

O TEMPO É INFINITO

Este é o grito previsível dos perplexos e arrependidos: *eu achava que haveria mais tempo*.

Dizemos isso quando os filhos saem de casa, como se tivéssemos planejado um dia, algum dia no futuro, quando estivéssemos menos estressados, apreciá-los e admirá-los antes que decolassem. *Eu achava que haveria mais tempo para aproveitá-los e vê-los crescer.*

Dizemos isso quando nosso trabalho nos é arrancado, como se admitindo que tínhamos mais para dar, como se fosse injusto não termos dado, como se estivéssemos esperando um dia para aparecer, atuar e contribuir de verdade. *Eu achava que haveria mais tempo para demonstrar excelência e deixar minha marca.*

Dizemos isso quando o parceiro decide ir embora, nos pegando desprevenidos, como se tivéssemos sido pegos de surpresa, sem nenhuma pista, como se não fosse nossa culpa que a magia tivesse ido embora há muito tempo, como se um dia fôssemos ser um parceiro melhor. *Eu achava que haveria mais tempo para expressar quanto eu te amo.*

Dizemos isso quando morremos, enquanto nosso último e fracassado controle da realidade está sendo liberado por uma Mão maior, o ar deixando os pulmões, a dor passando de intensa para uma estranha monotonia e, por fim, para a paz e a luz. Caso tenhamos conduzido uma vida sem sentimentos e de arrependimentos, teríamos dito isso para nós mesmos, como se sempre tivesse sido o plano viver algum dia em breve, como se fôssemos pegos de surpresa por enfim não haver mais tempo para viver, amar e cuidar, como se não tivéssemos percebido o tempo todo, como se não soubéssemos que seríamos chamados. *Eu achava que haveria mais...*

Não sabíamos de tudo isso? Como podemos ignorar tão imprudentemente a ironia aí contida? Que aqui, em um universo infinito, o tempo é finito para nós, que mesmo que não sejamos capazes de assimilar a ordem e a razão disso tudo, o resultado é previsível — a vida, aleatoriamente, e muito em breve, nos será tirada de forma talvez brutal, talvez serena, mas provavelmente com pouca pompa ou circunstância além, esperamos, do amor que se reuniu ao nosso redor.

Por que, quando esse momento chega, tantos pedem, clamam e imploram por mais uma rodada, como se o crupiê fosse ter paciência com um errante que nunca jogou plenamente as cartas que Ele já havia distribuído tão generosamente? Poderíamos lamentar o declínio que se aproximava. Poderíamos tentar evitar o dia em que a morte chegaria e sussurraria em nossos ouvidos que agora é a hora em que estamos destinados a ascender de volta ao Amor. Poderíamos negar que isso iria acontecer. Poderíamos continuar deixando passar todas as indicações que recebemos para aproveitar a vida enquanto é tempo, à medida que as pessoas que amamos morrem, que acidentes acontecem, que a aleatoriedade nos atinge como um raio caindo de um céu limpo. Mas, em vez disso, não pensamos na nossa mortalidade de nenhuma forma. Continuamos consultando relógios sofisticados e agendas lotadas em pânico, pensando em onde temos de estar, de alguma forma cegos e surdos ao destino agitando os braços, gritando neste exato momento da realidade, dizendo: *Meu amigo, meu amigo, você está onde já deveria estar, não vê? Pare de procurar outra coisa e olhe e sinta ao redor. Tudo está aqui agora. Se deixar passar isso, você vai ter deixado a vida passar.*

NADA ALÉM DE NOVIDADE

Muitos fugiram deste momento rumo ao ontem ou ao amanhã, sonhando com uma hora e um lugar onde prefeririam estar. Com que desfecho? Aqueles que estão vivos, mas que, de certa forma, vivem em uma época diferente do agora, são fantasmas. Nunca são plenamente vistos ou sentidos pelos seus entes queridos; a generosidade do universo não consegue encontrá-los para presenteá-los; estão dissipados, ausentes do chamado do Agora.

Não podemos continuar a cometer o erro de estarmos tão ausentes do nosso dia, deste momento. Não precisamos sentir vergonha por termos estado ausentes, e não devemos ficar amargurados com aqueles que estiveram ausentes para nós. Deixemos que certos momentos passem, mas isso não pode ser desfeito. Acabou a nossa falta de presença ontem para com aqueles que amamos e lideramos — esses momentos já se foram, não importa a vontade de trazê-los de volta de todo o coração. O que passou, passou. Não acrescentemos agora o peso da tristeza.

Não podemos acrescentar nada ao ontem, e não devemos somar nada ao que fizemos ou deixamos de fazer, pois todos esses momentos estão no éter agora, existindo apenas em histórias dentro da nossa cabeça.

Também não devemos alimentar qualquer amargura no que diz respeito aos outros, porque, com o tempo, o nosso sentimento de desconexão provavelmente se igualou ao deles, e, ao condená-los, condenamos a nós mesmos. Algumas pessoas não enxergaram que precisávamos delas. Algumas não ligaram para isso. E é um assunto que não importa agora.

Tudo o que importa é o que está aqui, agora, diante de nós, para ser vivido, definido e experimentado da forma que escolhermos.

Podemos respirar fundo hoje e perceber que não há nenhum resquício do ontem. Neste momento, não há nada além de novidade, uma tela em branco, nada além de um campo aberto de possibilidades pronto para ser sentido e explorado. Vamos encarar isso com intenção e habilidade, e explorá-lo com amor, *lentamente*.

O ANIMAL SENSORIAL

Para desacelerar o momento, temos de aguçar os sentidos. Para sentir algo mais, temos de absorver mais ou sentir mais profundamente aquilo que já está aqui.

Todos nós temos lembranças vívidas de momentos em que uma crise ou uma bela ocasião pareceram desacelerar o tempo. Viramos uma esquina e testemunhamos um acidente; estávamos ao lado de uma pessoa que amávamos quando ela morreu; assistimos com orgulho na plateia enquanto os filhos se formavam. Nesses momentos, o estado de alerta elevado fez a cena se desenrolar em câmera lenta. Cientes de tal poder, podemos optar por empregá-lo à vontade, a fim de desacelerar a experiência do tempo e da vida em si.

É da nossa natureza sentir o ambiente. Somos animais sensoriais altamente sintonizados. Os dons da visão, do olfato, do tato, do paladar e da audição podem ser direcionados e usados como um grande receptor para atrair e ampliar o fluxo deste momento.

A desaceleração do tempo começa, sempre, pela respiração. Quanto mais fundo e por mais tempo inspiramos o ar, mais oxigenado o organismo fica e mais elevada é a nossa energia e presença. No entanto, a maioria das pessoas não tem consciência de como se respira. Respiramos de modo superficial, bebendo silenciosamente desta piscina profunda e refrescante de oxigênio que nos rodeia. Nos raros casos em que prestamos atenção à respiração, é por meio de bufadas e grunhidos de desprazer ou esforço. Mas a vida jamais poderá ser sentida de modo integral se não respirarmos no momento presente e oxigenarmos o cérebro até que obtenha plena potência e atinjam um estado de alerta por meio da respiração profunda e presente. Quando nos sintonizamos com a respiração e aprofundamos e aumentamos o volume de ar inspirado, isso tem um impacto imediato e extraordinário na forma como vivenciamos o momento. Antes de fazermos um discurso ou uma apresentação, podemos respirar. Antes de uma conversa difícil com um cônjuge ou amigo, podemos respirar. Quando esperamos na fila da loja, fazendo exercícios ou sentados à nossa mesa, podemos nos lembrar de absorver a vida e senti-la a cada respiração.

Vamos tentar trazer a consciência para a respiração agora. Devemos inspirar o ar para a barriga, como se enchêssemos um grande balão, sentir o ar subir até o peito, e depois soltá-lo devagar, com suavidade e controle. É difícil, se não impossível, fazer esse tipo de respiração a todo momento — nosso subconsciente logo recupera o controle e retoma a respiração superficial. Mas isso pode ser condicionado para durar mais; se nos concentrarmos nisso, a prática se torna mais forte e, com o tempo, mais automática. Para estarmos mais presentes, temos de prestar atenção à respiração várias vezes por hora, em especial nos momentos que queremos sentir e dos quais queremos nos lembrar.

Podemos desacelerar ainda mais o tempo ao absorver mais detalhes do que está à nossa volta. Devemos observar a cor, a textura e a posição dos objetos ao redor. Podemos notar a forma como o galho da árvore balança ritmicamente com o vento enquanto olhamos pela janela. Podemos observar a pele lisa e perfeita de um bebê, tocando sua bochecha macia e imitando suas expressões. Podemos observar as nuvens enquanto esboçam desenhos preguiçosos no céu. Podemos observar como a comida foi artisticamente disposta em um prato, com os tons de verde e laranja vibrantes de cada ingrediente. Este esforço não é uma corrida. *Examinar o nosso entorno como um bicho em fuga não é o que buscamos.* O objetivo é aproveitar o momento e, portanto, devemos fazer uma pausa e ver verdadeiramente o que está à nossa frente.

É o olhar curioso e sem pressa que traz a cor de volta à vida.

A desaceleração do tempo continua quando aumentamos a consciência do toque — nossa sensação física do momento. Deveríamos tocar mais coisas ao redor, pegá-las e virá-las nas mãos, observar suas dimensões, texturas e detalhes. Ao beijar o namorado, devemos sentir seus lábios como se aquele fosse o beijo mais importante de todos. Quando caminhamos, devemos caminhar com presença, atentos a como os calcanhares e os dedos dos pés tocam a terra. A pele guarda o segredo para uma vida verdadeiramente sentida, para prazeres genuínos da experiência.

E o que estamos ouvindo agora? Muitas vezes baixamos o volume dos sons da vida. Deveríamos amar os sons em nossos ouvidos: o carro passando, o passarinho cantando na árvore, a voz linda e única que fala conosco. Para desacelerarmos e aproveitarmos a vida, devemos aproveitar a música do mundo que nos rodeia. Isso não significa que não podemos nos desligar do que nos irrita, mas há uma diferença entre nos desligarmos de algumas coisas e nos desligarmos de todas elas.

Por fim, nenhum sentido em nosso mundo apressado é mais brutalmente ignorado do que o paladar. Nossa cultura engole a comida como hienas famintas. Muitas vezes, não deixamos a comida perdurar; não nos deliciamos com sua textura e finalização. Muitos não lembram a última refeição que fizeram porque mal a sentiram. Devemos retornar a tempos mais dignos, quando a comida não era algo que devorávamos às pressas, mas algo com significado que trazia nutrição, alegria e conexão para a vida. Devemos ter um verdadeiro prazer com o que comemos, e se o que comemos não traz verdadeiro prazer e saúde ao corpo, então o deixemos de lado.

É uma fórmula muito simples: quanto mais sentidos trazemos para o momento, mais devagar o tempo passa, mais um catálogo de lembranças vívidas e alegres se forma em nossa mente, mais a vida é repleta de gratidão e mais nutrida é a nossa alma.

A ATENÇÃO PODE PARAR O TEMPO

Para aqueles que não conseguem sentir nem retardar o tempo, precisamos apenas lembrá-los das vezes em que isso aconteceu quase automaticamente.

"Lembra quando você estava imerso em sua arte e tudo ao seu redor parecia menor?"

"Lembra quando você desacelerou o tempo e sentiu o cheiro do seu parceiro?"

"Lembra quando você deu aquele presente e observou o rosto dele enquanto ele o abria, e como o sorriso dele parecia tão rápido naquela hora, mas o momento durou tanto tempo? E agora, enquanto isso se repete em sua mente, como aquele sorriso se espalha lentamente pelo rosto dele, como se quanto mais dias passam, mais tempo esse sorriso dura, mesmo que seu brilho nunca desapareça?"

"Lembra quando o mundo parou enquanto você ouvia atentamente sua amiga compartilhando sua dor e você simplesmente sentia compaixão por ela?"

"Lembra de quando você pisou no campo, na floresta ou na areia e olhou para a natureza e teve a sensação de que fazia parte dela e ela fazia parte de você, aquela imensidão mágica e aquele poder da natureza tirando seu fôlego?"

"Lembra daquele prato que você saboreou cada garfada, torcendo para que não acabasse nunca e que os sabores jamais desaparecessem?"

"Lembra os sons do show pelo qual você tanto esperou, aquela pulsação em seus ouvidos que parecia bater com o seu próprio coração?"

Era como se pudéssemos parar o próprio tempo para sentir algo atemporal, bonito e significativo. Estes momentos não precisam ser raros.

Pode haver uma magia cotidiana em nossa experiência, e essa magia não precisa ser mística, e sim um truque consciente de prolongar o tempo, de aumentar e aprofundar os sentidos para o momento presente.

A consciência é a melhor arma da humanidade contra o tempo. Portanto, devemos nos lembrar sempre da nossa capacidade de sermos talentosos domadores do tempo. Temos uma capacidade extraordinária de desacelerar o momento, de penetrar nele, de senti-lo girar e nos cercar. Junto aos poderes da vontade e da motivação, a capacidade de sentir e intensificar de modo pleno as nossas experiências nos ajuda a combater a estagnação e a conduzir uma vida verdadeiramente livre e vibrante.

UMA FRAÇÃO A MAIS

O que aconteceria com a nossa qualidade de vida e dos nossos relacionamentos se simplesmente amplificássemos os sentidos um pouco mais? Vamos esquecer por enquanto onde deveríamos estar e o que deveríamos estar fazendo. Em vez disso, vamos estender *este* momento por apenas *uma fração a mais*.

- Não respire tão rápido. Inspire o ar por uma fração a mais.
- Não olhe ao redor da sala. *Sinta* a sala ao observar cada sombra e canto por *uma fração a mais*.
- Não apenas olhe para ela. Mire olhos dela e sustente o olhar por uma fração a mais.
- Não engula a próxima refeição, mas saboreie cada garfada por uma fração a mais, deixando os sabores se fundirem e persistirem.
- Não envie a mensagem cruel. Releia-a e dedique uma fração a mais para sentir a dor que ela pode causar na outra pessoa.
- Não dê um beijo de despedida superficial enquanto faz malabarismos com as outras coisas no caminho até a porta. Faça o beijo *valer*; que seja firme, sólido e verdadeiro, estendendo o momento apaixonadamente por uma fração a mais.

A vida é experimentada nas frações a mais de tempo que sustentamos conforme tudo passa. Em breve, essa fração de tempo dobra, e dobra de novo, e, por fim, teremos dominado a arte de saborear a vida, de sentir quem somos e onde estamos no caminho rumo à excelência, à criação de momentos reais, a viver como mestres alegres na infinita e divina Liberdade do Agora.

As 9 declarações

I. ENCARAR A VIDA COM PRESENÇA E POTÊNCIA PLENAS

II. RECUPERAR NOSSAS PRIORIDADES

III. DERROTAR NOSSOS DEMÔNIOS

IV. AVANÇAR COM ENTREGA TOTAL

V. PRATICAR ALEGRIA E GRATIDÃO

VI. NÃO COMPROMETER A NOSSA INTEGRIDADE

VII. AMPLIFICAR O AMOR

VIII. INSPIRAR A EXCELÊNCIA

IX. DESACELERAR O TEMPO

SOBRE O AUTOR

BRENDON BURCHARD é um dos coaches de desenvolvimento pessoal mais seguidos do nosso tempo. Ele é autor best-seller número 1 do *New York Times*, cujos livros incluem *Life's Golden Ticket*, *O mensageiro milionário* e *O poder da energia*.

Depois de sobreviver a um acidente de carro aos dezenove anos, Brendon recebeu o que chama de "bilhete premiado da vida": uma segunda chance. Desde então, dedica seus dias a ajudar outras pessoas a encontrarem suas energias e a compartilharem sua voz com o mundo.

Os trabalhos de Brendon inspiraram centenas de milhões de pessoas em todo o mundo. Ele é uma das cem figuras públicas mais seguidas no Facebook; seu programa semanal no YouTube é a série de desenvolvimento pessoal *direct-to-camera* mais assistida na história da plataforma; seu podcast motivacional, *The Charged Life*, estreou em primeiro lugar no iTunes em todas as categorias nos Estados Unidos e em vários países; e suas postagens estão entre as mais curtidas e compartilhadas na história moderna do gênero motivacional. Como orador em conferências, dividiu o palco com Dalai Lama, sir Richard Branson, Katie Couric, Steve Forbes, Arianna Huffington, Wayne Dyer, Tony Robbins e centenas dos principais pensadores e inovadores do mundo.

Brendon também é o fundador da High Performance Academy, o lendário programa de desenvolvimento pessoal para empreendedores, e da Experts Academy, o treinamento de marketing mais abrangente do mundo para autores, palestrantes, coaches de vida e líderes de pensamento on-line. Por esses trabalhos, foi considerado por Larry King como "um dos melhores coaches de motivação e marketing do mundo".

Reconhecido como um líder inovador em motivação humana e marketing empresarial, Brendon recebeu o Maharishi Award e faz parte do Conselho de Inovação da XPRIZE Foundation.

Conheça Brendon e tenha acesso a recursos gratuitos sobre motivação e alta performance em: BrendonBurchard.com.

FONTES Epicene, Manuka
PAPEL Pólen Natural 80 g/m²
IMPRESSÃO Imprensa da Fé